路線地圖×列車歷史×鐵道魅力

東京鐵道超圖鑑

路線地圖×列車歷史×鐵道魅力

東京鐵道超圖鑑

前言

東京都無論在人口、面積或者經濟方面都是規模龐大的都市，尤以鐵道路線數量世界第一為傲。若將大都市東京比喻成人體，地下鐵、JR與私鐵密集的市中心就相當於「心臟」，而路線則猶如「微血管」一般，從該處與附近縣市的郊外互相連結，逐漸往外擴展。鐵道好比讓首都圈生活蓬勃活絡的生命線，已然成為不可或缺的存在。

一般認為東京的人口會持續增加至2030年前後，因此為了讓往來於首都圈的人們往後能更加方便，鐵道公司多方嘗試了各種努力，比如增加與其他公司的互相串聯、延伸路線或是打造新的列車等。

本書《東京鐵道超圖鑑》是透過照片與地圖簡明易懂地介紹行駛於首都圈的無數電車。閱讀此圖鑑並預習與複習，搭乘錯縱複雜的首都圈鐵道時想必會更饒富趣味。

關於鐵道路線名等標記
本書中的鐵道路線名是採用較普及的名稱。
以京濱東北線為例，從東京站通往大宮一帶的是東北本線，通往橫濱一帶的則屬於東海道本線的一部分，不過本書一律標記為「京濱東北線」。

關於路線名
路線名的暱稱會優先採用正式名稱。
例如，從東武鐵道伊勢崎線的淺草站到東武動物公園站的路段被暱稱為「東武晴空塔線」，但仍優先標註為東武鐵道伊勢崎線。

目錄

JR路線

私鐵路線

地下鐵路線

其他鐵道

圖示

新幹線：	新幹線站 在來站 隧道 ◯◯新幹線	建設中
JR路線：	JR路線站 隧道 □□線	建設中
私鐵路線：	私鐵路線站 隧道 △△線	建設中

臨時站：(臨)　　　　攝影景點：📷

主要觀光地：箱根　　各式資訊：ℹ️

鐵道相關博物館・資料館：🏛️

Super地形鐵道圖的 範圍與圖示

關東北部 第98頁

關東南部 第100頁

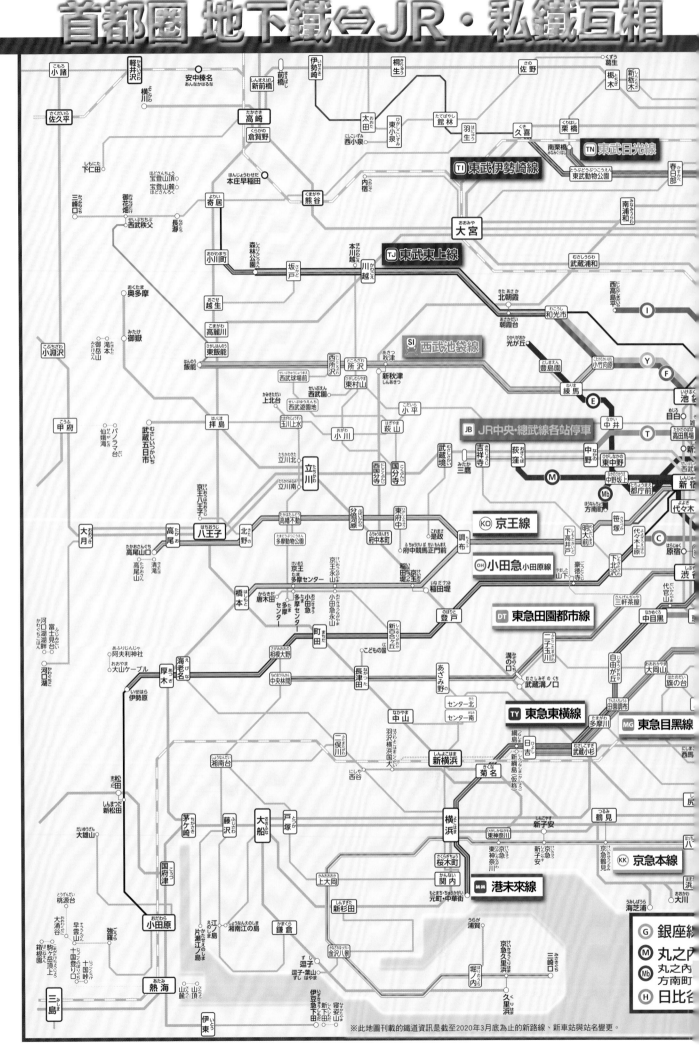

※此地圖刊載的鐵道資訊是截至2020年3月底為止的新路線、新車站與站名變更。

Line labels

- **TS** 東武晴空塔線
- **SR** 埼玉高速鐵道
- **JL** JR常磐線各站停車
- **KS** 成田SKY ACCESS線
- **HS** 北總鐵道北總線
- **KS** 京成本線·押上線
- **TR** 東葉高速鐵道
- **JB** JR中央·總武線各站停車
- **KK** 京急機場線

東京Metro

T 東西線		**Z** 半藏門線	
C 千代田線		**N** 南北線	
Y 有樂町線		**F** 副都心線	

都營地下鐵

S 新宿線	
I 三田線	
A 淺草線	
E 大江戶線	

特輯

京急電鐵

京急電鐵屬於私鐵，連結東京與神奈川，可通往市中心、川崎及橫濱的商業圈，連繫三浦海岸與機場，還能做為觀光的代步工具，十分活躍。

含括本線、機場線、大師線、逗子線與久里濱線共5條路線，並以營業距離87.0km著稱，然而最初是始於小型大師電氣鐵道，奔馳於約2km的區間。如今憑著改善安全與方便性的措施及對乘客無微不至的服務而備受好評，成為首都圈中擁有最多愛好者而家喻戶曉的鐵道公司之一。

深受沿線居民喜愛的京急電鐵

京濱急行的變遷

1899年1月21日，大師電氣鐵道的電車開始奔馳於六鄉橋～大師站約2km的區間。

此為關東首輛、也是日本第3輛營業用電車，據說沿線有大量乘客匯集。開通不久即改名為京濱電氣鐵道，當時是擁有5輛車、共17人的小型鐵道公司，此即京濱急行之起源。

自此歷經將近120年，到了2018年營業距離已達87.0km且有73站，成為擁有790輛車、日本屈指可數的大型私鐵。

員工也超過2,700人，1年期間運載人數逾4億7千萬人。

開通當時的大師電氣鐵道行駛於六鄉橋～大師之間
這款列車雖說是電車，卻和現在的有所不同，比較像是現今的路面電車，又稱為「四輪電車」。這輛車一直使用到1926年。

DEHA230型曾支撐高度經濟成長期的大量運輸時代

接收了原本保存於埼玉縣川口市的DEHA236號車，目前正在進行復原作業

京急電鐵的魅力

日文裡有個字彙叫「京急愛」，表示熱愛京急電鐵之意。京急電鐵備受沿線居民與乘客喜愛，是大家再熟悉不過的鐵道公司，叫其他鐵道公司欽羨不已。

魅力之1 快速

京急本線的品川～橫濱站之間搭快特約17分鐘，雖與JR東海道線的普通列車一樣，但京急本線多停了一站（於京急蒲田站停車），因此說起來是京濱急行比較快。這段區間的最高時速為120km，此速度在首都圈名列首位。很多京急愛好者就是對京急電車追過JR列車的畫面難以招架。

魅力之2 紅色列車

京急電鐵的列車也有藍色車廂（BLUE SKY TRAIN）與黃色車廂（YELLOW HAPPY TRAIN），不過大部分車廂都是紅色的。JR與私鐵的車廂長度大多是1節20m，而京濱急行則是18m，比較小型。相對的，其他大型私鐵的編制為10節車廂，而部分京濱急行則使用12節車廂，增加了運輸量。稍小型的紅色列車俐落奔馳的姿態別具魅力。

魅力之3 運行系統

大多數的鐵道公司是以電腦管理列車運行，而京急電鐵不單靠電腦，人力管理也佔了很大的比例。這是出於「在緊急時刻發揮人手之力」的考量，因此即便發生延遲狀況也能迅速恢復，以求維持穩定運輸，憑藉此點還於2015年獲頒國土交通省的「日本鐵道獎特別賞」。運行負責人的專業技術總能在時間表混亂時發揮作用，獲得高度評價。

魅力之4 通往機場需轉乘的次數不多

京急電鐵與都營淺草線·京成電鐵直通運行，從羽田機場出發，行經京急機場線·本線～都營淺草線～京成押上線·本線，再連結至成田機場。連接首都圈的兩大機場，是相當方便的路線。

日益進化而魅力倍增的京急電鐵

京急電鐵所奔馳的三浦半島一帶有許多可從市中心或橫濱輕鬆走訪的觀光地，比如有海軍咖哩與維爾尼紀念館的橫須賀、名產為鮪魚的三崎港、京急油壺海洋公園等。

京急電鐵於2019年秋天將總公司遷移至橫濱，新的總公司內將打造「京急博物館」，京濱急行的魅力屆時還會再升級。另外還著手進行品川站周邊的再開發計畫，讓京急品川站產生莫大的變化。

每年春天會於久里濱工廠舉辦「京急家族鐵道節」（第49頁）。可近距離拍攝列車，還有保存列車展可以觀賞。另有與鐵道相關的中古品特賣等，每年都因大批來客而熱鬧不已。

新總公司的完成預想圖

於新總公司內打造的「京急博物館」的鐵道立體透視模型（示意圖）

照片提供：京急電鐵

JR山手線

新型列車E235系

JR山手線一共有29個站。呈環狀線，環繞一圈的長度為34.5km，所需的標準時間則是59分鐘。

停靠站以做為東京玄關的東京站為起點，包含新宿、澀谷、池袋、品川等大型總站，形成市中心的大動脈。乘客數為世界第一，通勤與通學的尖峰時段總是人潮洶湧，故而排定每隔約3分鐘即有一班車的超密集時間表。還規劃了一次可承載更多乘客的11節車廂編制等，試圖多少紓解擁擠的人潮。

山手線為環狀線，因此不說上行、下行，而是說內環、外環。內環是逆時針方向，反之外環則是順時針方向，搭乘時只要記住這點就會方便許多。

自2017年開始投入新型列車E235系起，到2020年舉辦東京奧林匹克・帕拉林匹克運動會該年為止，計劃將依序投入34節列車，累計共50節車廂編制。

新型列車的過人之處

將駕駛台前面漆成綠色的E235系是以「與乘客、社會互動交流的列車」為關鍵字開發而成。新型列車在每節車廂內的門與置物架上方設置了最大36吋的液晶螢幕。雖然也用於播放廣告，但主要是傳遞新聞或運行狀況等資訊，和乘客維持交流。連不顯眼之處都經過改善，比如置物架的高度設計得比以往列車還低5cm、手把加上細微的凹凸而變得好握不易滑等。

考慮到乘客而將博愛座（優先座）前面共用空間的地板顏色改成較顯眼的紅色系，而非往常的灰色。

最近車內糾紛頻傳，因此依序於E235系的所有車廂內安裝監視器。2017年以先進卓越的列車之姿獲頒鐵道友之會的桂冠獎。

新型列車E235系

車內有成排的液晶螢幕

將來會轉換成自動駕駛？

JR東日本一直以來駕駛員不足，因此正在評估山手線與東北新幹線等是否能自動駕駛。山手線只要沒了唯一的「第二中里平交道（參照第9頁）」，即可提高實現無人駕駛的可能性。如今已開始進行實驗，山手線是否也能像新交通系統的百合海鷗線一樣轉為自動駕駛，備受矚目。

博愛座（優先座）設計得一目了然

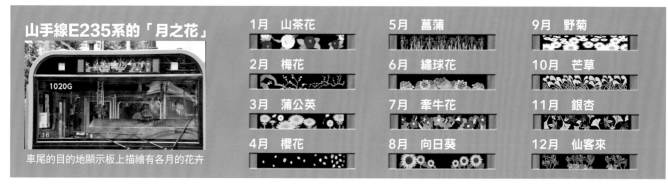

山手線E235系的「月之花」

車尾的目的地顯示板上描繪有各月的花卉

1月 山茶花	5月 菖蒲	9月 野菊
2月 梅花	6月 繡球花	10月 芒草
3月 蒲公英	7月 牽牛花	11月 銀杏
4月 櫻花	8月 向日葵	12月 仙客來

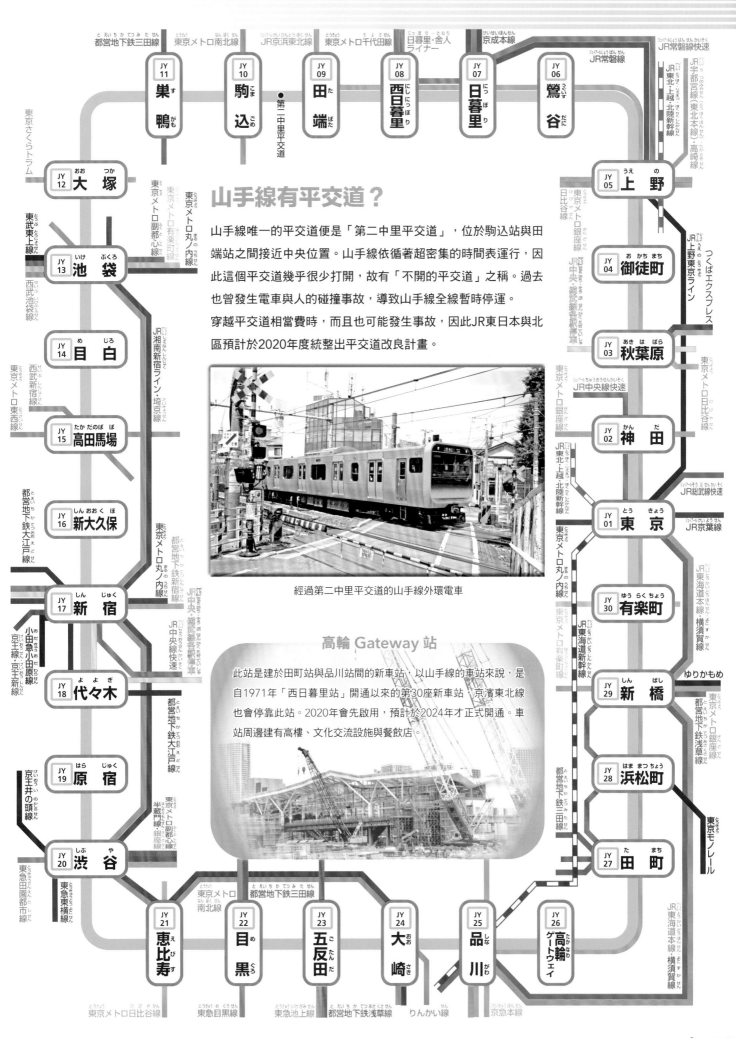

都営地下鉄三田線　東京メトロ南北線　JR京浜東北線　東京メトロ千代田線　日暮里・舍人ライナー　京成本線　JR常磐線快速　JR常磐線

東京さくらトラム

JY11 巣鴨（すがも）
JY10 駒込（こまごめ）
JY09 田端（たばた）
JY08 西日暮里（にしにっぽり）
JY07 日暮里（にっぽり）
JY06 鶯谷（うぐいすだに）
JY05 上野（うえの）

●第二中里平交道

JR宇都宮線（東北本線・高崎線）東北・上越・北陸新幹線

JY12 大塚（おおつか）

東京メトロ丸ノ内線

東京メトロ有楽町線　東京メトロ副都心線

JY13 池袋（いけぶくろ）

東武東上線

西武池袋線

JR湘南新宿ライン・埼京線

東京メトロ銀座線　日比谷線　JR上野東京ライン　つくばエクスプレス

JY04 御徒町（おかちまち）

JY14 目白（めじろ）

東京メトロ東西線　西武新宿線

JR中央・総武線各停車

JY03 秋葉原（あきはばら）

東京メトロ日比谷線

JY15 高田馬場（たかだのばば）

JR中央線快速　JR総武線快速

JY02 神田（かんだ）

東京メトロ銀座線

東北・上越・北陸新幹線

JY16 新大久保（しんおおくぼ）

都営地下鉄大江戸線

東京メトロ丸ノ内線　都営地下鉄新宿線

JY01 東京（とうきょう）

JR京葉線

JY17 新宿（しんじゅく）

小田急小田原線　京王線・京王新線

JR中央・総武線各停車　JR中央線快速

都営地下鉄大江戸線

JR東海道本線・横須賀線　東京メトロ丸ノ内線

JY30 有楽町（ゆうらくちょう）

東京メトロ有楽町線

JR東海道新幹線

JY18 代々木（よよぎ）

ゆりかもめ

JY29 新橋（しんばし）

京王井の頭線

東京メトロ副都心線　半蔵門線・銀座線

都営地下鉄浅草線　東京モノレール

JY19 原宿（はらじゅく）

JY28 浜松町（はままつちょう）

都営地下鉄三田線

JY20 渋谷（しぶや）

東急田園都市線

東急東横線

JY27 田町（たまち）

東京メトロ南北線　東京メトロ　都営地下鉄三田線

JY21 恵比寿（えびす）
JY22 目黒（めぐろ）
JY23 五反田（ごたんだ）
JY24 大崎（おおさき）
JY25 品川（しながわ）
JY26 高輪ゲートウェイ（たかなわゲートウェイ）

東京メトロ日比谷線　東急目黒線　東急池上線　都営地下鉄浅草線　りんかい線　京急本線

JR東海道本線・横須賀線

山手線有平交道？

山手線唯一的平交道便是「第二中里平交道」，位於駒込站與田端站之間接近中央位置。山手線依循著超密集的時間表運行，因此這個平交道幾乎很少打開，故有「不開的平交道」之稱。過去也曾發生電車與人的碰撞事故，導致山手線全線暫時停運。

穿越平交道相當費時，而且也可能發生事故，因此JR東日本與北區預計於2020年度統整出平交道改良計畫。

經過第二中里平交道的山手線外環電車

高輪 Gateway 站

此站是建於田町站與品川站間的新車站，以山手線的車站來說，是自1971年「西日暮里站」開通以來的第30座新車站；京濱東北線也會停靠此站。2020年會先啟用，預計於2024年才正式開通。車站周邊建有高樓、文化交流設施與餐飲店。

JR京濱東北線・根岸線

E233系

京濱東北線自運行起已歷經100多年。路線是從埼玉市的大宮站進入東京都，駛過赤羽、東京、品川與蒲田站，行經神奈川縣的川崎後通往橫濱站，共35站，馳過59.1km的區間。大宮～東京站為東北本線的一部分，而東京～橫濱站則屬於東海道本線的一部分，但皆稱為京濱東北線。從埼玉縣南北向貫穿神奈川縣，行駛於人口眾多的地區，是相當重要的路線，可謂東京圈的運輸動脈。從橫濱站到大船站為止是根岸線，不過從京濱東北線的起始站大宮進入根岸線後通往大船的列車班次很多，因此京濱東北線與根岸線便合為一體。

極富變化的京濱東北線

京濱東北線白天從10點30分至15點30分期間不斷快速運行於田端～田町站之間。相較於各站停車的山手線，京濱東北線有好幾站過站不停，因此較為快速。可以配合目的地分別搭乘京濱東北線與山手線。

自JR湘南新宿線運行以來，便行經新宿站連結至埼玉與神奈川一帶。此外，還與西武池袋線、東武東上線、東京Metro副都心線、東急東橫線或港未來線互相串聯行駛。又進一步透過JR上野東京線讓JR東北本線（宇都宮線）、JR高崎線、JR常磐線與JR東海道本線彼此互相串聯行駛。

如此一來，從前以搭乘京濱東北線為主的埼玉與神奈川一帶也開始有更多路線可以搭乘。

沿線有無數值得一訪的景點

大宮站是無數路線匯集的大型車站。從這裡搭乘New Shuttle，只要坐1站就會抵達有許多鐵道迷來訪的鐵道博物館。走下埼玉新都心站後即有座櫸木廣場，經常舉辦跳蚤市場或演唱會等歡樂無比的活動。從車站北側的「大宮鉾杉橋」可觀看各式各樣的列車，因而成為攝影景點。上野站的阿美橫丁匯集了上野動物園、餐廳與雜貨店等，總是熱鬧滾滾。秋葉原的電器街則號稱世界規模最大。距離有樂町站不遠處還有世界級的銀座購物區。

川崎為人口達150萬人的都市，有著站前的鬧街、音樂廳與大型購物中心，最近則以工廠夜景導覽之旅最為熱門。橫濱站則有海邊的橫濱地標大廈一帶、元町的商店街、日本最大的中華街、三溪園與山下公園等許多趣味無窮的景點。

大宮的鐵道博物館

埼玉新都心站附近的大宮鉾杉橋

上野站正門口

秋葉原的電器街

川崎工業區的夜景

橫濱港未來地區

連結埼玉與神奈川一帶的京濱東北線

連結路線多不勝數

從大宮站到橫濱站的35個站中，只有與野、北浦和、蕨、西川口、川口、東十條、上中里、大森與新子安的車站未與其他路線連結。以上野站為例，JR路線與東北・上越・北陸新幹線、山手線、常磐線、宇都宮線、高崎線、上野東京線連結，而東京Metro路線則與銀座線、日比谷線連結，共與10條路線連結。

與最多路線連結的便是東京站。包含有JR的東海道・東北・上越・北陸新幹線、東海道本線、中央本線、總武本線、山手線、宇都宮線、京葉線、橫須賀線、上野東京線以及東京Metro丸之內線，共13條路線。

大批乘客從其他路線轉乘至京濱東北線，反之也會從京濱東北線轉乘至其他路線。

日本最早的鐵道

1872年，日本第一條鐵道——新橋站到橫濱站（現在的櫻木町站）的鐵道開通，兩站的站內有紀念的建築與石碑。最初時速為32.8km，費時53分鐘，途中只有品川、鶴見與神奈川（現已廢止）3個車站。如今京濱東北線行駛此段距離需耗費39分鐘。雖然感覺似乎沒有變快多少，但其實途中有12個車站。

在舊新橋停車場裡復原了當時的新橋站

最初的橫濱站位於現在的櫻木町站。櫻木町站中建有道路起訖標示（上）與紀念碑（左）

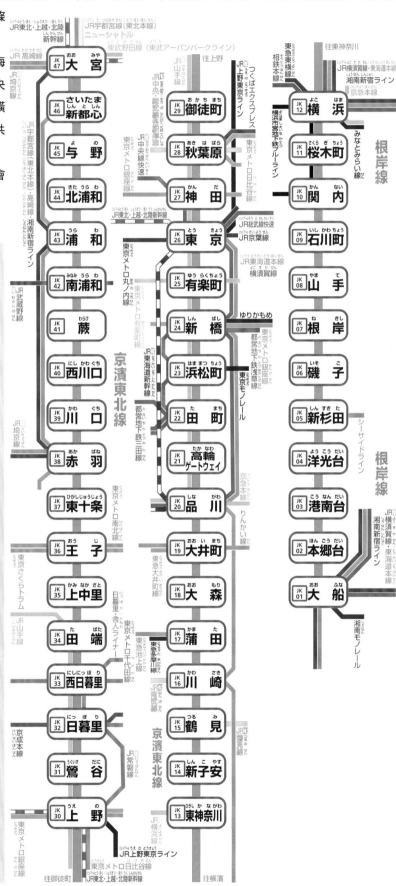

JR中央・總武線各站停車

E231系500番台

從千葉站行經御茶之水站並通往三鷹站且途中各站皆停，串聯起來的這條路線俗稱為中央・總武線各站停車。千葉站至御茶之水站之間為總武本線的一部分，御茶之水站至三鷹站之間則為中央本線的一部分。

中央本線的區間又稱為「總武線」、「各站停車」與「各停」等，有很多種叫法。因此JR東日本將中央・總武線各站停車稱為「總武線」，而中央線快速電車則稱作「中央線」，循序漸進地統一車站標示牌與站內廣播。黃色車體為總武線各站停車，而橙色車體為中央線，只要記住這點即可。

中央・總武線各站停車以東西橫向行駛穿過東京中心區，為首都圈的大動脈路線之一，有相當多來自秋葉原與新宿等大型總站轉乘的路線。

中央・總武線各站停車的列車

山手線的新型列車E235系於2015年11月首次登場。預計今後會將山手線的列車全部更換成E235系。那麼汰換完後，原本的列車將何去何從呢？

其實，山手線一直以來所使用的E231系500番台已將車體顏色改為黃色，並依序投入中央・總武線各站停車中。換言之，目前行駛於中央・總武線各站停車的E231系500番台原本是奔馳於山手線的列車。

中央・總武線各站停車區間內的中央線自2006年起便一直使用E233系（第14頁）。除此之外，E233系在京濱東北線・根岸線、外房線、內房線、常磐線各站停車・東京Metro千代田線等各條路線上也相當活躍。女性專用車與博愛座（優先座）區格外顯眼的設計、利用彩色液晶螢幕提供充實的資訊導覽等，是多條路線採用此系列的理由。導入E233系之前，201系曾活躍多年，201系是全面漆成橙色的電車，並有塊寫著「中央特快」幾個大字的標牌，可惜已經引退了。如今仍有許多愛好者對201系備感懷念。

總武線各站停車的作用不容忽視

已引退的201

總武線各站停車還能支援中央線未停靠的站，達到紓解擁擠人潮之效。

中央線於早晨與深夜行駛時是各站皆停，總武線各站停車則正如其名，全天都是各站停靠。搭乘中央線前往千葉一帶時，須於御茶之水站轉乘總武線各站停車。此外，總武線各站停車未通往神田站與東京站，因此若要前往東京一帶，須於御茶之水站轉乘中央線。

總武線各站停車轉乘十分方便，舉例來說，要從御茶之水一帶前往澀谷站或目黑站時，只要在代代木站下車，月台對面便會有通往澀谷一帶的內環山手線進站。此外，若要前往池袋一帶，只要在新宿站下車，即可至月台對面轉乘往池袋一帶的外環山手線。

御茶之水站的月台。3號線是往千葉一帶，4號線則是往東京站

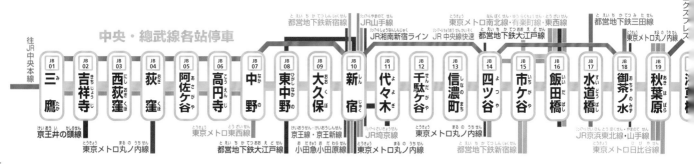

如火如荼進行中的大規模工程

以下幾個車站正在進行大規模的施工。

御茶之水站

此站正在進行無障礙化工程。補強了車站地基的耐震度，並於鐵道上打造2層樓高（部分為3層樓高）、可因應12節車廂編制的車站。為此在與車站相接的神田川上架設起施工用的臨時鷹架，以大型起重機作業。電梯與手扶梯（扶手電梯）已經完成，預計將月台往新宿方向遷移，並打造聖橋口站前廣場，目標於2023年完成。

飯田橋站

飯田橋站是於1928年打造的車站，位於牛込站與貨物專用的飯田町站之間、半徑300m的急轉彎處。列車與月台之間有著最大達33㎝的空隙，轉彎幅度大到甚至有乘客墜軌的危險性，因此正在施工把月台往新宿方向遷移200m使其呈直線。工程範圍的一部分因為已被指定為江戶城外堀遺跡，因此是在保護文化財的前提下進行工程。預計於2020年春季前後完工。

千駄谷站

千駄谷站是離新國立競技場最近的車站，為了因應日益增加的上下車乘客，目前正在進行月台增設工程。將總武線各站停車往東京一帶與往中野一帶的月台分開，試圖紓解擁擠的人潮。此工程還包括設置月台門與加大電梯等。目標是於2020年春季前後完成，改造成具備寬敞廁所與嬰兒休息室的車站。

職業棒球、學生棒球、橄欖球與陸上競技。明治神宮外苑可謂運動之聖地

千駄谷站與信濃町站可通往明治神宮球場，水道橋站可通往東京巨蛋，而幕張本鄉站則是通往千葉海洋球場的轉乘站！

JR水道橋站的發車樂音是讀賣巨人的隊歌「注入鬥魂（鬥魂こめて）」

連結幕張本鄉站與千葉海洋球場的雙節巴士「海鷗幕張」。車內廣播的聲音為千葉羅德海洋的選手所錄製

E233系

中央線快速・中央本線

中央本線是從東京站出發，經由新宿站・鹽尻站通往名古屋站，是一條距離長達396.9km的漫長路線。

東京～鹽尻站之間由JR東日本管轄，鹽尻～名古屋站之間則屬於JR東海的管轄範圍。

中央線快速從新宿通往大月站，沿線大範圍涵蓋東京的通勤圈。因此山梨縣迫切期望JR東日本將遠及甲府的範圍納入東京近郊區間，延長中央線快速的運行距離。對通勤乘客而言，中央本線是連結市中心與山梨縣一帶的重要路線。駛過高尾站後會沿著川岸奔馳，穿過幾座隧道後便可欣賞山巒連綿的風景。猿橋站附近的大月市中有座百藏山，從山頂上可眺望大月市市內與桂川流域的群山，尤其是富士山清晰可見，備受登山客青睞。

211系

青梅線

JC	
74	奥多摩
73	白丸
72	鳩ノ巢
71	古里
70	川井
69	御嶽
68	沢井
67	軍畑
66	二俣尾
65	石神前
64	日向和田
63	宮ノ平
62	青梅
61	東青梅
60	河辺
59	小作
58	羽村
57	福生
56	牛浜
55	拝島

中央本線

JR小海線　往立川　JR中央線快速

往鹽尻、松本一帶

小淵沢・長坂・日野春・穴山・新府・韮崎・塩崎・竜王・甲府・酒折・石和温泉・春日居町・山梨市・東山梨・塩山・勝沼ぶどう郷・甲斐大和・笹子・初狩・大月（JC32）

往富士急行大月 河口湖一帶

身延線

CC37 金手　CC36 善光寺　CC35 南甲府　CC34 甲斐吉　CC33 国母　CC32 常永　CC31 小井川　CC30 東花輪　CC29 甲斐上野　CC28 芦川　CC27 市川本町　CC26 市川大門　CC25 鰍沢口

身延線是連結靜岡縣富士站與山梨縣甲府站的JR東海路線。
不必經由東京即可從靜岡一帶抵達山梨縣。身延線上也有特急「富士川號」運行。

奔馳於身延線的特急「富士川號」（373系）

身延線

CC12 井出　CC11 十島　CC10 稲子　CC09 芝川　CC08 沼久保　CC07 西富士宮　CC06 富士宮　CC05 源道寺　CC04 富士根　CC03 入山瀬　CC02 竪堀　CC01 柚木　CC00 富士

CC24 落居　CC23 甲斐岩間　CC22 久那土　CC21 市ノ瀬　CC20 甲斐常葉　CC19 下部温泉　CC18 波高島　CC17 塩之沢　CC16 身延　CC15 甲斐大島　CC14 内船　CC13 寄畑

JR東海道本線

五日市線

JC	
86	武蔵五日市
85	武蔵増戸
84	武蔵引田
83	秋川
82	東秋留
81	熊川

青梅線

JC	
54	昭島

中央本線

往甲府一帶

JC	
32	大月
31	猿橋
30	鳥沢
29	梁川
28	四方津
27	上野原
26	藤野
25	相模湖
24	高尾
23	西八王子
22	八王子

富士急行大月線　京王高尾線　JR横浜線

·五日市線

中央本線的特急

「梓號」與「甲斐路號」

「梓號」是中央本線最具代表性的特急，駛出新宿站後，於鹽尻站進入篠之井線，奔馳225.1km抵達松本站。另有班次是從千葉站出發，行經松本站後通往大糸線的南小谷站。自2017年起導入E353系。「甲斐路號」則是行駛於新宿～甲府站、距離為134.1km之區間的特急，另有班次行駛至甲府站下一站的龍王站。

「富士回遊號」

行駛於新宿～河口湖站之間，新宿～大月站與特急「甲斐路號」連結運行，大月站～河口湖站則行駛於富士急行的路線上。

E353系

車頭的設計獨特，是一款不會搖晃、能舒適乘坐的列車

「青梅號」

長期以來為大家所熟悉的「青梅Liner」已遭廢止，轉由特急「青梅號」於平日早晚時段奔馳。

中央線的對手是京王線

中央線與京王線比一比（※京王線是取特急的耗時，班次數以10～11點的時段比較）

　中央線：新宿～高尾 42分鐘 4班 550日圓 經由東京站轉乘
　京王線：新宿～高尾 44分鐘 3班 360日圓 直通都營地下鐵新宿線

如上所示，兩者相差無幾，最大的差別在於票價。中央線可於東京站轉乘新幹線或東海道線等，而京王線則須通過轉乘票口進入JR。若要在新宿站轉乘，搭乘JR較為有利；如要前往高尾山，則以京王線較為方便。中央線與京王線雖為競爭對手，卻各有各的優點。

JR新宿站的京王線聯絡口。前方為JR的剪票口，後方則是京王線的轉乘票口

青梅線（東京Adventure Line）

青梅線是行駛於中央線立川站至奧多摩站的區間。有個暱稱叫「東京Adventure Line」，是可以欣賞豐富自然景觀的路線。還可從東京站直通運轉至青梅站，週六、日與國定假日有推出「假日快速奧多摩號」，從新宿站出發花1小時30分鐘左右即抵達奧多摩站。

可享受多摩川清流散步行程、健行行程與岩石花園等。有座自古以來被視為信仰對象、標高929m的御岳山，從御嶽站轉乘巴士與坡道纜車，走過整備好的健行路線即可通往山頂。從青梅站附近搭計程車約5分鐘處有座青梅鐵道公園，是相當受鐵道迷喜愛的設施。

五日市線

五日市線是從拜島站通往武藏五日市站的路線。週六、日與國定假日有「假日快速秋川號」，從新宿站出發花1小時左右即抵達武藏五日市站。

此路線自然景觀豐富，於武藏增戶站下車後，有條「漫步里山」的健行路線，可在終點的武藏五日市站欣賞秋川溪谷的清流與隨著四季變化的自然景觀。

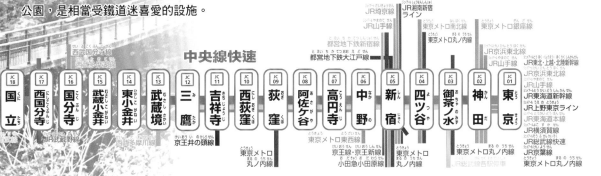

常磐線從品川站通往宮城縣的仙台站（部分不通），是條超過370km的漫長路線。在首都圈可以搭乘快速與各站停車。東京站至黑磯站是東北本線的部分區間，暱稱為宇都宮線。東京站至高崎站則為高崎線。

常磐線E231系

常磐線快速

常磐線快速是從品川站經由上野東京線，再行經千葉縣北部的松戶市、柏市與我孫子市，通往茨城縣的取手站，耗時約1小時15分鐘串聯的路線。從日暮里站轉乘山手線或京濱東北線都很方便，乘客大多是在日暮里站上下車。

常磐線各站停車

與東京Metro千代田線直通運轉，從取手站出發，經由東京Metro千代田線的北千住站，與代代木上原站互相串聯。此路線從茨城縣南部直接通往市中心，有大批乘客上下車，因此總是擁擠不堪。

湘南新宿線與上野東京線

湘南新宿線是從前橋站・宇都宮站出發，經由大宮、赤羽～池袋～新宿～澀谷的大規模總站，無須轉乘，行經大船・小田原一帶與鎌倉後，運行至逗子。

於2015年打造了一條從上野通往東京的新路線，取名為上野東京線。常磐線藉由此路線連結至品川站，而宇都宮線・高崎線進一步分成「行經下一站的橫濱～熱海站後通往沼津站」與「從熱海行駛伊東線通往伊東站」兩條路線。行駛距離最長的列車則是從栃木縣的黑磯站通往靜岡縣的沼津站，奔馳於約310km的區間。

行駛於宇都宮線・高崎線的E231系

宇都宮線

自從上野東京線開通後，此線便推出直通熱海與小田原站的列車。從宇都宮站出發不到2小時即可抵達東京站。此外，還有湘南新宿線可經由大宮～池袋～新宿站通往橫須賀線的鎌倉站，是通勤與通學乘客較多的路線。

宇都宮線的快速

宇都宮線僅平日有通勤快速運行於上野～宇都宮站之間，「快速Rabbit號」則含括週六、日與國定假日，運行於上野～宇都宮站之間。

高崎線

此線從東京到大宮所使用的路線與宇都宮線一致，從大宮開始分歧，通往高崎站。上野東京線、湘南新宿線與宇都宮線同樣，都直接通往神奈川一帶。行駛於人口密集的區間，因此這條路線早晚時段都因通勤與通學的乘客而擁擠不已。

高崎線的特急與快速

此線有特急「Swallow赤城號」行駛，亦可用於通勤。快速列車於早晨與傍晚運行，特別快速則行駛於互相串聯的湘南新宿線。

特急「Swallow赤城號」651系1000番台

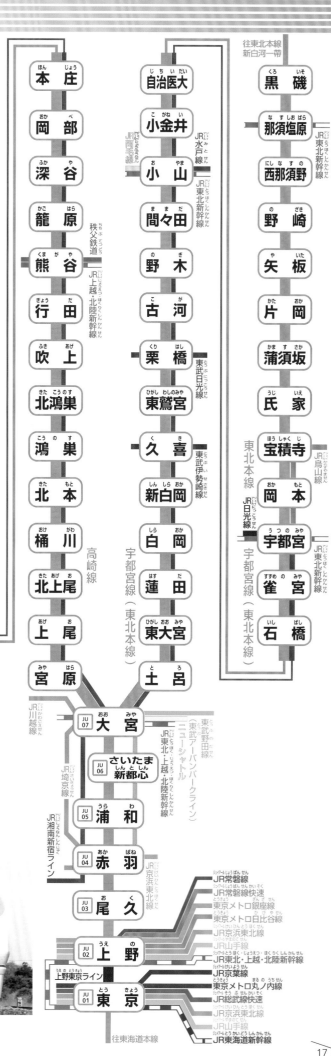

E233系3000番台

E217系

東海道本線・橫須賀線主要是從市中心出發並駛於神奈川縣內大都市的路線，為首都圈的大動脈，奔馳於海岸線，也可搭乘前往鎌倉與熱海等觀光地。

總武線快速是從橫須賀一帶行經市中心後通往千葉一帶。因為彼此互相串聯，故稱為橫須賀線・總武線快速。此外，從東京站通往銚子站的路線則稱為總武本線。

橫須賀線與總武本線是從三浦半島通往房總半島，沿著東京灣行駛，從千葉站行駛至房總半島的中央區後通往銚子站，是條相當漫長的路線。成田線則有兩條路線，從總武本線佐倉站、常磐線我孫子站出發，分別通往成田站・成田機場站、銚子站。

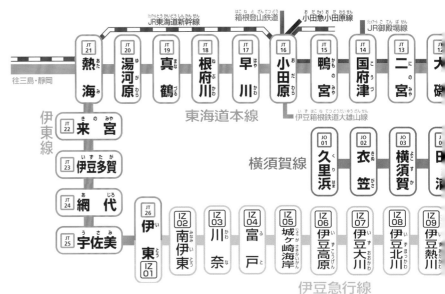

橫須賀線・總武線快速

橫須賀線是從東京站連結至三浦半島的久里濱站。若要前往以觀光地聞名全日本的鎌倉，則於北鎌倉站或鎌倉站下車。京濱急行是沿著三浦半島的東京灣行駛，橫須賀線則行駛於反向的西側，於橫須賀市內交會。

總武線快速是從橫須賀線的久里濱站出發，經由東京站後直通運轉至千葉站，又稱為橫須賀線・總武線快速。部分車站與總武本線、內房線、外房線、成田線、鹿島線互相串聯。

橫須賀線・總武快速線雖然沿著東京灣行經漫長的距離，但只有途中幾個因應目的地的特定區間有較大量的乘客。錦糸町站至千葉站則有中央・總武線各站停車並行而駛（第12頁）。

總武本線

總武本線是從東京站通往銚子站的路線。

從錦糸町站通往御茶之水站可搭乘做為支線的「中央・總武線各站停車（第12頁）」，從千葉站直通中央線的三鷹站且各站停車。東京站的總武本線乘車處又稱為「總武地下月台」，位於地下5樓。此外，東京Metro東西線從西船橋站到津田沼站與總武本線互相串聯。

伊東線

伊東線是從熱海站至伊東站之間的路線，經由伊豆急行線直通運轉至伊豆急下田站。熱海站則與東海道線直通運轉。另與來自東京一帶的特急「超景踊子號」、「踊子號」或小田原～伊豆急下田站之間的臨時快速「伊豆CRAILE號」互相串聯。此外，還有JR東日本與伊豆急行聯合推出的團體臨時列車「皇家特快號（THE ROYAL EXPRESS）」。

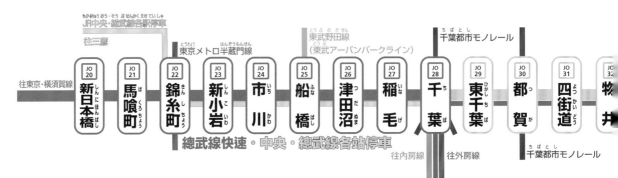

伊東線・東海道本線・鹿島線・成田線

東海道本線

東海道本線是從東京連結至神戶的路線，從東京站通往熱海站的這段中距離區間即稱為東海道線。此線行經神奈川縣人口眾多的都市，為了紓解擁擠的人潮，除了普通列車，還有「快速ACTY」、「湘南Liner」、「早安Liner新宿」、「特別快速」、「通勤快速」與「快速」運行。

此外，還與上野東京線、湘南新宿線互相串聯。

通往成田機場的特急

成田特快（E259系）▶
從大宮・大船等站經由東京站
連結至成田機場的特急

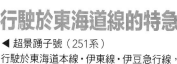

行駛於東海道線的特急

◀ 超景踊子號（251系）
行駛於東海道本線・伊東線・伊豆急行線，
連結東京與伊豆急下田

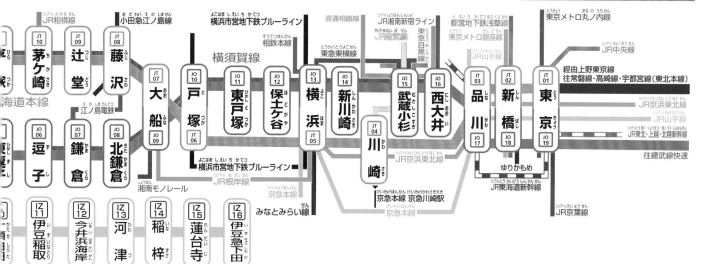

行駛於鹿島線的209系

鹿島線

從香取站通往茨城縣，行駛於鹿島足球場（J聯賽「鹿島鹿角」的主場）站的區間內。有橫須賀線快速與總武線快速的直通列車。

與JR鹿島線互相串聯的鹿島臨海鐵道大洗鹿島線（6000型，左上）、鹿島足球場（上）

成田線

有兩條路線，本線是從總武本線的佐倉站通往銚子站，支線則是從常磐線的我孫子站通往成田站，本線還可通往成田機場站。另有列車從逗子站出發，經由橫須賀線・總武線快速行經橫濱・東京・千葉站，通往成田機場站。

京葉線連結了東京站與千葉縣的蘇我站，沿著東京灣奔馳。大部分的區間皆為高架鐵路，故有時會因風勢強勁而停駛。連結東京站與房總半島的特急列車大部分是行駛於京葉線。

埼京線則是並行於山手線西側並通往大宮站一帶的路線，可直通運轉至川越線與東京臨海高速鐵道臨海線，從東京灣岸區的新木場站連結至埼玉縣的川越站。

行駛於京葉線的E233系5000番台

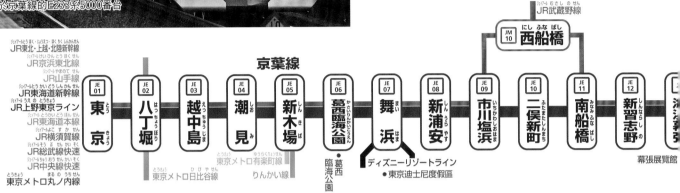

埼京線・川越線

埼京線是從大崎站出發，駛過新宿～池袋～赤羽～武藏浦和站後通往大宮站的路線。大宮站再往前即進入川越線，直通運轉至川越站。大崎站另與東京臨海高速鐵道臨海線互相串聯，通往新木場站。通勤快速則是從新木場站通往川越站。

從市中心花1小時左右即可抵達有「小江戶」之稱的川越市，街道與水運在江戶時代曾繁盛一時，因此留下了無數藏造樣式的建築，令人有種穿越時空回到江戶時代之感。

埼京線・川越線的新列車E233系7000番台

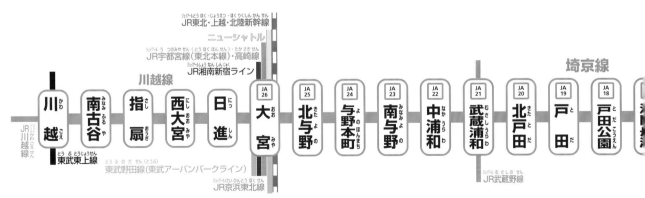

川越線是大宮～高麗川站的路線，經由埼京線進入東京臨海高速鐵道臨海線即可直通運轉至新木場站，此外，從川越出發經由八高線還可通往八王子站，因此車內的路線圖上標示著「埼京線・川越線」與「川越線・八王子線」。川越市及路線周邊的人口日增，因此藉由直通運轉來減少轉乘，以求紓解擁擠的人潮。

京葉線

從東京站地下月台出發通往蘇我站的區間即為京葉線，可從市川鹽濱站與南船橋站經由西船橋站直通串聯至武藏野線。在新木場站則可轉乘東京Metro有樂町線或東京臨海高速鐵道臨海線。

沿線有東京迪士尼度假區與幕張展覽館等設施。

行駛於京葉線的209系500番台

於1993年誕生的列車，成為現今JR東日本近郊型列車之基礎，還有貼心的無障礙設計

205系▶

直到2005年為止行駛於山手線的列車

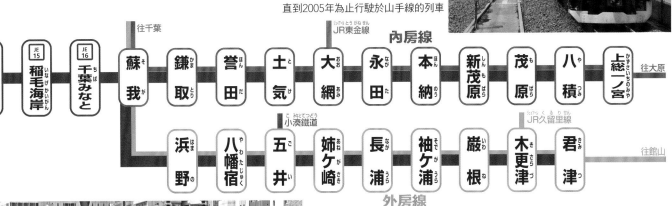

JE14 蘇我牛浜　JE15 稻毛海岸（いなげかいがん）　JE16 千葉みなと（ちば）　往千葉

蘇我（そが）　鎌取（かまとり）　誉田（ほんだ）　土気（とけ）　大網（おおあみ）　永田（ながた）　本納（ほんのう）　新茂原（しんもばら）　茂原（もばら）　八積（やつみ）　上總一ノ宮（かずさいちのみや）　往大原

JR東金線　內房線　小湊鐵道　JR久留里線

浜野（はまの）　八幡宿（やわたじゅく）　五井（ごい）　姉ケ崎（あねがさき）　長浦（ながうら）　袖ケ浦（そでがうら）　巌根（いわね）　木更津（きさらづ）　君津（きみつ）　往館山

外房線

東京臨海高速鐵道臨海線

此路線是沿著東京灣岸行駛於大崎～新木場站之間，一般稱為「臨海線」。採取第三部門的方式營運。

從東品川的再開發地區・天王洲島出發，經由隧道穿過東京灣，行駛於台場的東京電訊、日本科學未來館、Diver City Tokyo購物中心、調色盤鎮與東京國際展示場（東京Big Sight）等宛如未來都市般的地區。

另有潮風公園與東京臨海廣域防災公園這類大型的公園，沿線還有許多與奧林匹克運動會相關的設施。

於臨海線的70-000型

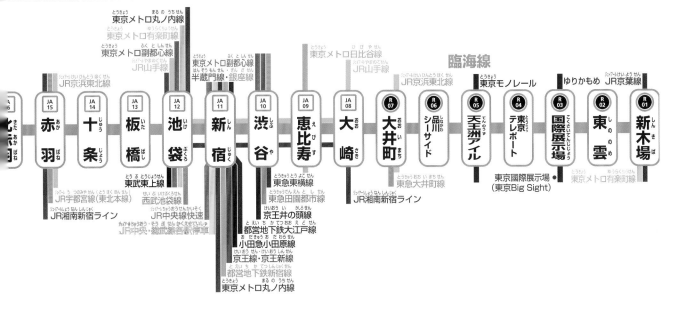

東京メトロ丸ノ内線
東京メトロ有樂町線
東京メトロ副都心線
JR山手線
東京メトロ副都心線
半藏門線・銀座線
東京メトロ日比谷線
JR山手線
JR京浜東北線
臨海線
東京モノレール
ゆりかもめ　JR京葉線

JR京浜東北線

JA16 北赤羽　JA15 赤羽（あかばね）　JA14 十条（じゅうじょう）　JA13 板橋（いたばし）　JA12 池袋（いけぶくろ）　JA11 新宿（しんじゅく）　JA10 渋谷（しぶや）　JA09 恵比寿（えびす）　JA08 大崎（おおさき）　R07 大井町（おおいまち）　R06 品川シーサイド（しながわ）　R05 天王洲アイル（てんのうず）　R04 東京テレポート（とうきょう）　R03 國際展示場（こくさいてんじじょう）　R02 東雲（しののめ）　R01 新木場（しんきば）

JR宇都宮線（東北本線）
JR湘南新宿ライン
東武東上線（とうぶとうじょうせん）
西武池袋線
JR中央線快速
JR中央・總武線各駅停車
東急東横線
東急田園都市線
京王井の頭線
都營地下鉄大江戸線
小田急小田原線
京王線・京王新線
都營地下鉄新宿線
東京メトロ丸ノ内線
JR湘南新宿ライン
東急大井町線
東京國際展示場●
（東京Big Sight）
東京メトロ有樂町線

JR武藏野線・鶴見線・相模線・橫濱線・

行駛於武藏野線的E231系

武藏野線是從東京西部的府中出發，在埼玉縣南部如畫圓般通往千葉縣船橋一帶。昔日為貨物線，自從開始乘載旅客後，使用者日益增加。南武線連結了川崎站與立川站。橫濱線則是連結東神奈川站與八王子站。這兩條路線沿途都有經過幾座大都市，且多與私鐵連結，不必經由東京即可前往八王子與橫濱一帶，是相當方便的路線。

相模線是連結茅崎站與相模原市內的橋本站之路線。

鶴見線負責將人與貨物運載至京濱工業區。

武藏野線

正式來說，從鶴見站到西船橋站的區間為武藏野線，不過鶴見～府中本町站是貨物線，因此一般都稱府中本町～西船橋站之間為武藏野線。由於原本是貨物線，所以偶爾可看到貨物列車。由於可經由西船橋站駛進京葉線，故能直接通往海濱幕張一帶與東京站。

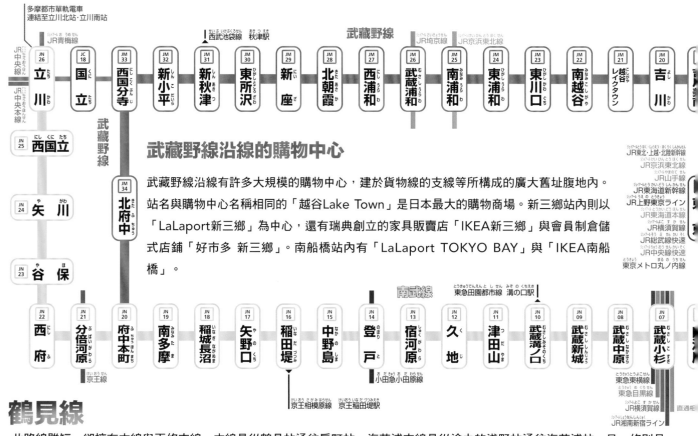

武藏野線沿線的購物中心

武藏野線沿線有許多大規模的購物中心，建於貨物線的支線等所構成的廣大舊址腹地內。站名與購物中心名稱相同的「越谷Lake Town」是日本最大的購物商場。新三鄉站內則以「LaLaport新三鄉」為中心，還有瑞典創立的家具販賣店「IKEA新三鄉」與會員制倉儲式店鋪「好市多 新三鄉」。南船橋站內有「LaLaport TOKYO BAY」與「IKEA南船橋」。

鶴見線

此路線雖短，卻擁有本線與兩條支線。本線是從鶴見站通往扇町站，海芝浦支線是從途中的淺野站通往海芝浦站，另一條則是通往安善站的大川支線。因為是行駛於工業區的路線，所以除了運載通勤乘客至工廠，也有貨物列車行駛於上。

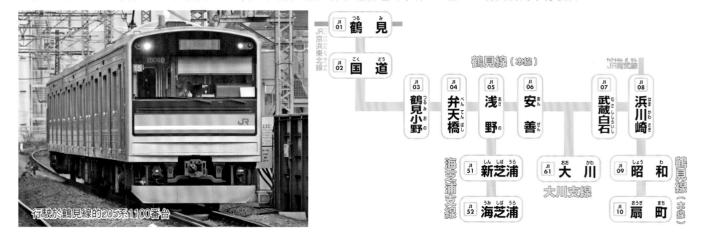

行駛於鶴見線的205系1100番台

行駛於相模線的
205系500番台

橫濱線

此路線是從橫濱站往東京方向的下一站——東神奈川站通往八王子站。途中有橋本站、町田站、長津田站與菊名站等車站與其他路線互相串聯，將通勤與通學的乘客載至橫濱與八王子一帶。新橫濱站與東海道新幹線相接，因此對於要搭乘新幹線的人而言也是很方便的路線。

橫濱線上有新列車
E233系行駛

相模線

南北縱貫神奈川縣的路線，途中連結至小田急小田原線的海老名站，市街區便是以此處為中心延展。全線為單線，是充滿地方氛圍而備受歡迎的路線。

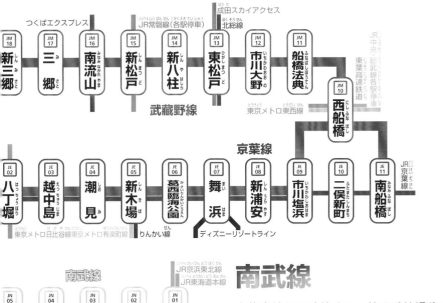

南武線

有條支線從川崎站的下一站尻手站通往工業區的濱川崎。若要從川崎站前往立川站，搭南武線較為方便，也有快速運行。

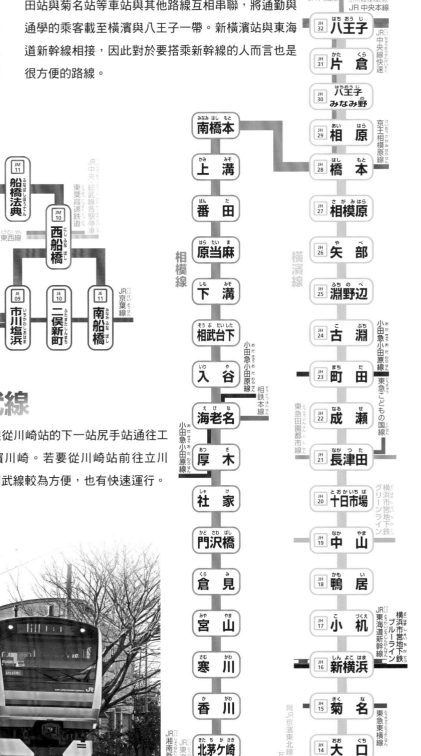

南武線上有E233系8000番台行駛

209系3500番台

八高線

從八王子站通往高崎站之間的路線，從八王子站出發，經高麗川站連接至川越線並前往川越站的班次不斷增加。從高麗川站前往高崎站則須轉乘柴油列車。此路線也與西武線、東武線、秩父鐵道相接，途中的區間有很多乘客。

御殿場線

從東海道本線的國府津站出發，行經御殿場站通往沼津站，是屬於JR東海的路線，繞著箱根的群山周圍行駛。小田急浪漫特快「富士山號」是行經松田站並自此連接至御殿場站。現今的東海道本線是從沼津出發，經由熱海前往國府津站，但在其完成之前，御殿場線曾是東海道本線。

位於沿線的足柄峠有關隘（類似收費站）與足柄城遺址。金時山上還流傳著「足柄山的金太郎」之傳說，從山頂可眺望富士山與箱根的山巒。

八高線路線圖

JR上越線　JR兩毛線
JR上越・北陸新幹線
JR吾妻線
JR上信電鐵　JR高崎線
JR信越本線

高崎（たかさき）
倉賀野（くらがの）
北藤岡（きたふじおか）
群馬藤岡（ぐんまふじおか）
丹荘（たんしょう）
児玉（こだま）
松久（まつひさ）
用土（ようど）　秩父鐵道
寄居（よりい）　東武東上線
折原（おりはら）
竹沢（たけざわ）　東武東上線
小川町（おがわまち）
明覚（みょうかく）　東武越生線
越生（おごせ）
毛呂（もろ）
高麗川（こまがわ）　西武池袋線
東飯能（ひがしはんのう）
金子（かねこ）
箱根ケ崎（はこねがさき）
東福生（ひがしふっさ）　西武拝島線
拝島（はいじま）　JR青梅線／JR五日市線
小宮（こみや）
北八王子（きたはちおうじ）　JR中央線快速
八王子（はちおうじ）　JR横浜線／JR中央本線

八高線

川越線

武蔵高萩（むさしたかはぎ）
笠幡（かさはた）
的場（まとば）
西川越（にしかわごえ）　東武東上線
川越（かわごえ）　JR川越線

御殿場線路線圖

JR東海道本線
CB18 沼津（ぬまづ）
CB17 大岡（おおおか）
CB16 下土狩（しもとがり）
CB15 長泉なめり（ながいずみなめり）
CB14 裾野（すその）
CB13 岩波（いわなみ）
CB12 富士岡（ふじおか）
CB11 南御殿場（みなみごてんば）
CB10 御殿場（ごてんば）
CB09 足柄（あしがら）
CB08 駿河小山（するがおやま）
CB07 谷峨（やが）
CB06 山北（やまきた）
CB05 東山北（ひがしやまきた）
CB04 松田（まつだ）　小田急小田原線　新松田駅
CB03 相模金子（さがみかねこ）
CB02 上大井（かみおおい）
CB01 下曽我（しもそが）
CB00 国府津（こうづ）　JR東海道本線

御殿場線

313系

東京站的站內商業設施「GRANSTA」

在東京站地下有個站內商業設施「GRANSTA」。自從2017年於丸之內側打造新區域後，東京站地下的八重洲側與丸之內側便整合為商業設施「GRANSTA」。有甜點與便當的商店林立，丸之內側的新區域內還有名為「TRAINIART TOKYO」的可愛鐵道商品店。

GRANSTA裡有滿坑滿谷的鐵道商品！

連筷子與食器上都印有鐵道圖案

新幹線造型的寶特瓶

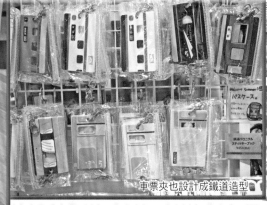

車票夾也設計成鐵道造型

還有馬克杯與化妝包

TRAINIART TOKYO是於2017年打造而成。

店名是以火車（TRAIN）與藝術（ART）結合而成，是一家以「深入享受鐵道樂趣」為理念的店。

店裡滿是這裡獨有的可愛鐵道商品與時尚雜貨。不必出剪票口即可購買，所以轉乘時的候車時間即可順道逛逛，有許多約300～500日圓、價格親民的商品，也是其魅力所在。

在這些商品中，以新幹線與E7系北陸新幹線的車體與側面等做為設計的紙膠帶最為搶手。紙膠帶不僅可用於工作，亦能貼在自己的東西上加以裝飾，是可以自由運用的商品。

炙手可熱的紙膠帶

很適合當伴手禮的餅乾

營業時間：8:00～22:00（週一～六、連休中間的假日）
　　　　　8:00～21:00（週日、連休最後一天）
地　　址：東京都千代田区丸の内1-9-1　JR東日本東京站站內地下1樓剪票口內

內房線・外房線・東金線・久留里線是行駛於千葉縣內的路線。內房線沿著東京灣的海岸線行駛，外房線則是東西橫向穿過房總半島中間，行至太平洋側，為沿著海岸奔馳的路線，也有特急運行。內房線木更津站、外房線茂原站與東金線成東站的周邊已逐步整平為住宅用地，直通千葉與東京一帶的列車多用於通勤與通學。房總半島入冬後依舊溫暖，因此一年到頭都有觀光客來訪。久留里線緩緩行駛的身影吸引著無數鐵道迷。

內房線・外房線的主力列車209系

內房線・外房線

內房線是從蘇我站出發，沿著房總半島東京灣側的海岸線駛至外房的安房鴨川站的路線。有快速從千葉站通往位於房總半島突出處的君津站，1天往返1趟。

外房線的路線則是出了千葉站後，於蘇我站與內房線分岐，橫穿過房總半島中央區域，行至太平洋側的外房，通往安房鴨川站。

此線有直通橫須賀線・總武線快速的列車，還有直通京葉線的快速電車與通勤快速，而從東金線成東站出發的各站停車則會行駛至千葉站。

久留里線的主力列車KIHA E130型

久留里線

行駛於木更津～上總龜山站區間的路線。奔馳於房總半島的正中央，是千葉縣內JR中唯一的非電氣化鐵道（不靠電力行駛的路線），擁有漫長的歷史。終點站的上總龜山站周邊有因水壩而形成的龜山湖，久留里站周邊則有久留里城遺跡。

東金線

行駛於大網～成東站之間的路線。通勤快速只在平日行駛，快速則僅限週六、日與國定假日運行，經由外房線・京葉線駛至東京站。大網站所在的大網白里市也有許多住宅社區，已成為東京與千葉的城郊住宅區。

內房線與外房線的特急

255系

若潮號・新宿若潮號

「若潮號」是從東京站出發，經由京葉線・外房線運行於上總一之宮～勝浦～安房鴨川站。

「新宿若潮號」則是於週六、日與國定假日經由中央本線・總武本線行駛於新宿～安房鴨川站。耗費約2小時20分鐘即可從大都市抵達安房鴨川站。

潮騷號

經由總武本線運行於東京～佐倉～成東～銚子站。

細波號・新宿細波號

「細波號」是經由京葉線・內房線行駛於東京～君津站之間。

「新宿細波號」則是於週六、日與國定假日運行於新宿～館山站之間。經由中央本線・總武本線・外房線・內房線，耗費約2小時20分鐘即可抵達。

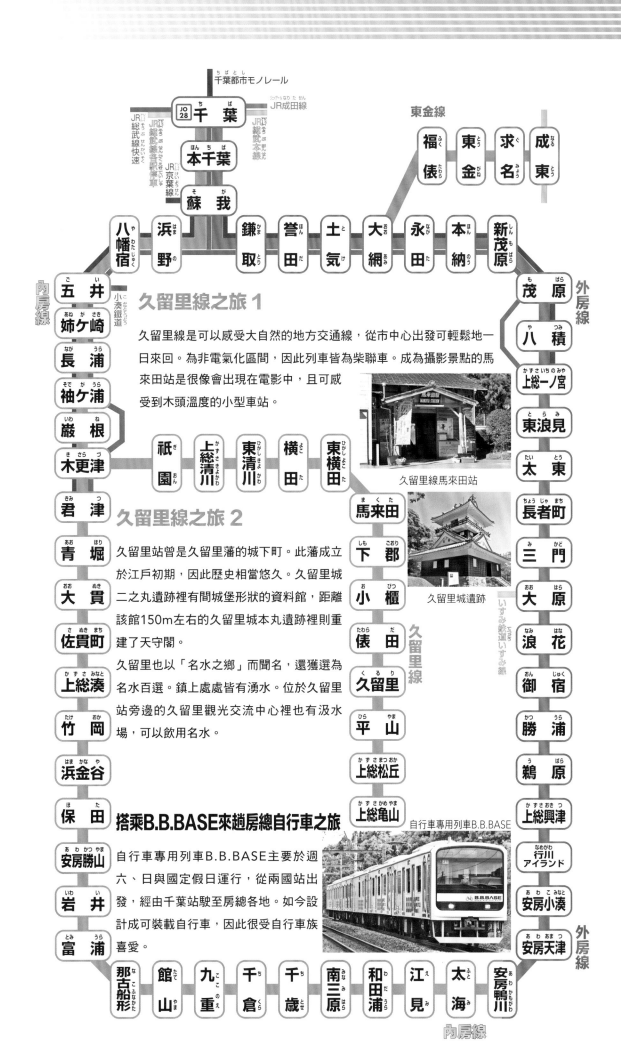

千葉都市モノレール

JR成田線

JO28 千葉

東金線

本千葉

JR総武線快速 JR総武線各駅停車 JR京葉線 JR総武本線

蘇我

福俵　東金　求名　成東

八幡宿　浜野　鎌取　誉田　土気　大網　永田　本納　新茂原

五井　茂原　外房線

姉ケ崎　八積

長浦　上総一ノ宮

袖ケ浦　東浪見

巌根　太東

木更津　小湊鐵道　祇園　上総清川　東清川　横田　東横田　長者町

久留里線之旅 1

久留里線是可以感受大自然的地方交通線，從市中心出發可輕鬆地一日來回。為非電氣化區間，因此列車皆為柴聯車。成為攝影景點的馬來田站是很像會出現在電影中，且可感受到木頭溫度的小型車站。

久留里線馬來田站

君津

久留里線之旅 2

青堀　馬来田　三門

久留里站曾是久留里藩的城下町。此藩成立於江戶初期，因此歷史相當悠久。久留里城二之丸遺跡裡有間城堡形狀的資料館，距離該館150m左右的久留里城本丸遺跡裡則重建了天守閣。

久留里也以「名水之鄉」而聞名，還獲選為名水百選。鎮上處處皆有湧水。位於久留里站旁邊的久留里觀光交流中心裡也有汲水場，可以飲用名水。

下郡　大原

小櫃　浪花

久留里城遺跡

大貫　俵田　御宿

佐貫町　久留里　勝浦

上総湊　平山　鵜原

竹岡　上総松丘　上総興津

浜金谷　上総亀山

搭乘B.B.BASE來趟房總自行車之旅

自行車專用列車B.B.BASE

保田

自行車專用列車B.B.BASE主要於週六、日與國定假日運行，從兩國站出發，經由千葉站駛至房總各地。如今設計成可裝載自行車，因此很受自行車族喜愛。

安房勝山　行川アイランド

岩井　安房小湊

富浦　安房天津　外房線

那古船形　館山　九重　千倉　千歳　南三原　和田浦　江見　太海　安房鴨川

久留里線

いすみ鐵道いすみ線

內房線

JR水戸線・日光線・烏山線・水郡線

在此介紹行駛於首都圈北部的地方交通線。水戶線連結栃木縣與茨城縣，是當地生活不可或缺的路線。通往世界遺產日光的日光線則是觀光客眾多的路線。栃木縣裡有一條烏山線是地方交通線，從市中心出發，花2小時左右即可邂逅豐富的自然景觀。水郡線則是長距離的地方交通線，水戶市周邊通勤與通學都是搭乘此線。

水戶線

從栃木縣小山站連結至茨城縣友部站的路線，列車從友部站駛進常磐線並通往水戶站・勝田站。小山站是連結東北新幹線、宇都宮線與兩毛線的大型車站。以結城紬（絲織品）聞名的結城站、與關東鐵道常總線連結的下館站，還有以陶瓷器為人所知的笠間站，這些車站皆位於這條路線上。

行駛於水郡線的E531系

日光線

宇都宮～日光站的區間。通往坐擁世界遺產的日光，因此有很多觀光客搭乘，鹿沼～宇都宮站也有用以通勤與通學的通勤列車，尤其早上格外擁擠。另有愉快列車「伊呂波」行駛。

日光在首都圈內也是數一數二的觀光地，還有許多海外觀光客來訪。已登錄為世界文化遺產的日光東照宮則擁有八棟國寶與國家重要文化財。其象徵性的國寶「陽明門」已完成大整修並對外開放。從日光站搭乘路線巴士即可前往日光東照宮。

烏山線

連結東北本線寶積寺站與烏山站的路線，往宇都宮站的直通列車也不斷增加。

有日本國內首輛蓄電池驅動電車「ACCUM」行駛。寶積寺站與大金站被視為吉祥的車站而有觀光客來訪。瀧站有座「龍門瀑布」，從展望台可以拍攝到宛如列車駛於瀑布之上的照片。

▲蓄電池驅動電車EV-E301系「ACCUM」

◀行駛於日光線的205系

水郡線

有從水戶站通往郡山站的本線，以及於上菅谷站分岐後通往常陸太田站的支線（太田支線）。出了水戶站後即行駛於開鑿的山路中，此處是利用水戶城的乾溝壕打造而成。從山方宿站至常陸大子站之間是沿著美麗的久慈川行駛，因而成為攝影景點。袋田站有座獲指定為國家名勝的「袋田瀑布」，高120m、寬73m，名列日本三大名瀑之一。水郡線的暱稱為「奧久慈清流線」，是條可享受景色變化的路線。

行駛於水郡線的KIHA130系氣動車

行駛於龍門瀑布上方的烏山線

行駛於上越線的211系

行駛於關東平原北部的山麓之路線。

上越線是穿過榛名山與赤城山之間並通往新潟一帶的長距離路線。

兩毛線則是行駛於赤城山與足尾山地的山麓。「兩毛」是地名，意指橫跨上毛野國（範圍相當於現在的群馬縣）與下毛野國（範圍相當於現在的栃木縣）兩地。

吾妻線是沿著流經榛名山北部溪谷的吾妻川岸行駛的路線，沿線有許多溫泉分布。

信越本線原本是條漫長的路線，但隨著北陸新幹線的開通而被分割為好幾段路線。在首都圈內的終點站是橫川站。

越後湯澤一帶

土合
湯檜曾
水上
上牧
後閑
沼田
岩本
津久田
敷島
渋川
八木原
群馬総社
新前橋
前橋
前橋大島
駒形
伊勢崎
国定
岩宿
桐生
小俣
山前
足利
富田
佐野
岩舟
大平下
栃木
思川
小山
井野
高崎問屋町
高崎

JR吾妻線
上越線

上越線

行駛於利根川沿岸，經過沼田站後便有山巒逐步逼近，穿過谷川岳的新清水隧道後即進入雪國新潟縣。距離澀川站幾步之遙處有條伊香保溫泉所在的溫泉街，總是喧鬧不已。沼田站有座被譽為東亞尼加拉瀑布的「吹割瀑布」，以及有天空的城下町之稱的真田之鄉。高崎～水上站之間則有「SL群馬水上號」運行。

兩毛線

從小山站通往高崎站，行駛於關東北部東西約92km的區間。此路線出了群馬縣的高崎站後，於小山站轉乘水戶線，接著便駛至茨城縣水戶站。路線途中有許多連結站，於伊勢崎站、佐野站與栃木站連結至東武鐵道，桐生站則連結至渡良瀨溪谷鐵道。

兩毛線
わたらせ渓谷鐵道
東武伊勢崎線
兩毛線
東武佐野線
東武日光線
JR東北新幹線
JR水戶線
JR湘南新宿ライン
上信電鉄

吾妻線

吾妻線是沿著吾妻川的溪谷行駛，沿線上有許多溫泉，比如日本代表性名泉的草津溫泉、擁有廣闊露天浴池的四萬溫泉、澤渡溫泉、川原湯溫泉、尻燒溫泉等。依傍著美不勝收的吾妻溪谷，總是因觀光客而熱鬧非凡。有愉快列車「度假山鳥號」（快速）行駛於大宮～中之條站。茶褐色配草綠色的雙色調十分鮮豔，具有寬敞舒適的座椅與偌大的車窗。特急「草津號」則運行於上野～長野原草津口站。

485系「度假山鳥號」

大前 — 萬座・鹿沢口 — 袋倉 — 羽根尾 — 群馬大津 — 長野原草津口 — 川原湯溫泉 — 岩島 — 矢倉 — 郷原 — 群馬原町 — 中之條 — 市城 — 小野上溫泉 — 小野上 — 祖母島 — 金島

吾妻線

水上・越後湯澤一帶

渋川 — 八木原 — 群馬総社 — 新前橋 — 前橋 — 井野 — 高崎問屋町 — 高崎

上越線

上信電鉄

信越本線

1997年，當時的長野新幹線（現今的北陸新幹線）於高崎～長野站之間通車，而橫川～輕井澤站之間則遭廢止。此外，輕井澤～篠之井站之間曾是與新幹線並行的在來線，因此轉移給「信濃鐵道」經營，甚至連妙高高原～直江津站之間也成為「越後心動鐵道（妙高躍馬線）」，信越線被劃分成3段。

高崎～橫川站之間則有「SL群馬 橫川號」運行。橫川站有「碓冰峠鐵道文化村（第51頁）」，可以體驗駕駛蒸汽機關車或搭乘觀光小火車。

碓冰峠鐵道文化村●

橫川 — 西松井田 — 松井田 — 磯部 — 安中 — 群馬八幡 — 北高崎

信越本線

行駛於信越本線的E129系

行駛於高崎～橫川之間的「SL群馬 橫川號」

行駛於吾妻線的特急「草津號」（651系）

新幹線（JR東日本）

北陸新幹線E7系

首都圈（東京都、神奈川縣、千葉縣、埼玉縣、茨城縣、栃木縣、群馬縣、山梨縣）的人口為3,800萬人，匯聚了日本3分之1的人口。

為了通勤與通學、工作或觀光等因素而有大批人們在首都圈內移動，因此有JR、私鐵、地下鐵、單軌電車與新交通系統等無數鐵道行駛。

新幹線的網絡從東京站往日本各地延伸，通往地方的特急也不少，還有希望能搭乘一次的豪華列車運行。在此介紹首都圈的新幹線、特急與豪華列車。

東北‧北海道新幹線E5系／H5系

秋田新幹線E6系

山形新幹線E3系

上越新幹線E2系

上越新幹線E4系

新幹線是日本最快速的列車。東北・秋田・山形・上越・北陸・東海道新幹線皆是以
東京為起點。東京站的新幹線乘客1天高達27萬人左右，每天都有不計其數的人們往
來於東京與日本各地。

新幹線（JR東海）

東海道・山陽新幹線N700A

行駛於全日本的新幹線路線

<新幹線> （建設中・規劃）
━━━ JR北海道 ┈┈┈┈
━━━ JR東日本 ┈┈┈┈
━━━ JR東海 ┈┈┈┈
━━━ JR西日本 ┈┈┈┈
━━━ JR九州 ┈┈┈┈
<迷你新幹線>
━━━ JR東日本

JR東日本的特急列車

若要快速前往較偏遠的地區，搭乘新幹線再適合不過，但如果是要前
往首都圈的都市或觀光地，則以特急較為方便。

E353系 梓號・甲斐路號

E657系 常陸號・常磐號

E259系 成田特快

251系 超景踊子號

185系 踊子號

255系 若潮號・細波號・潮騷號

651系 赤城號・Swallow赤城號・草津號

253系 日光號・鬼怒川號

豪華列車「周遊列車」

仙后座號

TRAIN SUITE四季島號

名為「周遊列車」的豪華列車，可巡遊各地的觀光地，享受悠然愜意之旅。每輛列車都是依旅行社的規劃來行駛的臨時
臥鋪列車。

G 東京Metro銀座線

銀座線是1927年於淺草站至上野站之間通車，為日本最早的地下鐵。是從淺草站經由銀座站通往澀谷站的路線，可說是東京Metro最具代表性的路線。

1000系

G 銀座線澀谷站

目前澀谷站周邊正在進行大規模的再開發計畫，銀座線澀谷站也展開了大改造，預計於2020年春季完成。計劃將於M型拱門的屋頂上打造天空甲板。銀座線從表參道站通往澀谷站的途中會突然出現在地面，而澀谷站則位於大樓的3樓。銀座線的澀谷站坐落於澀谷川所穿鑿出的低谷處，因此車站位於地面上。

G 地下鐵裡有平交道

東京Metro上野檢車區內有個銀座線的平交道。這座平交道位於銀座線列車要送入檢車區的途中，路旁設有柵欄。日本僅此處有地下鐵的平交道。如果抓準時間，還能目睹列車經過平交道的畫面。

銀座線溜池山王站的地下道裡有台自動販賣機，設計成01系列車的車頭造型。上方有標示「溜池山王」字樣的目的地顯示板與01626編號標示。下方則有車前燈。空瓶回收桶上有「東京Metro」的標誌。

這些標示都是採用01系626號車上實際使用過的零件。據說只要購買商品，車前燈就會亮起，還會播放車掌先生原音重現的廣播聲。即便電車引退了，仍持續為大家服務。

G THE VENDING TRAIN

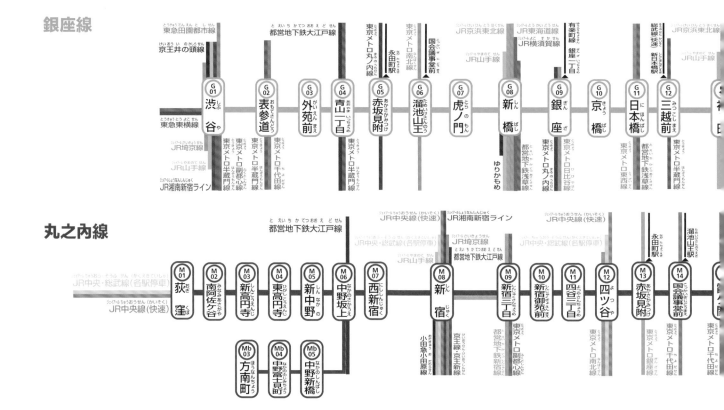

銀座線

丸之內線

丸之內線於1954年開通。在東京Metro中僅次於銀座線,是第2個開通的路線,以日本地下鐵來說則是第4個開通的路線,歷史十分悠久。

❶ 02系　❷ 02系（改修車）　❸ 2000系（於2019年首次登場）

M 地下鐵的車站卻在地上

四谷站、茗荷谷站、後樂園站

丸之內線的四谷站、茗荷谷站附近地勢低窪,因此電車會在地面現身。後樂園站也是低窪地,電車會駛進地上2樓的車站。

後樂園站

四谷站

橫渡神田川的丸之內線

M 神田川橋梁

從御茶之水站至淡路町站之間有座橫渡神田川的神田川橋梁,從緊鄰的這座聖橋可觀賞丸之內線通過的景象。

丸之內線會從JR中央本線與總武線各站停車的鐵道下方通過,丸之內線再往下則有千代田線通過。

G M 第三軌

大多數的電車是從車頂上的集電弓接收電力,丸之內線則和銀座線等一樣,是採用「第三軌」形式,除了行駛用的2條軌道外,另設置專用軌道供應電力。

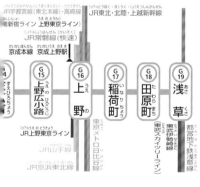

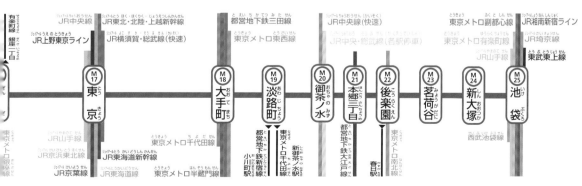

Ⓗ 東京Metro日比谷線

日比谷線是從北千住站駛至中目黑站的路線。行經下町的北千住與三之輪，連結至有「北部玄關」之稱的上野站，或是世界級的購物商城銀座，是條富含變化的路線。

日比谷線最初是於1961年開通從南千住站通往仲御徒町站之3.7km的區間。如今北千住站再往前還可搭乘東武伊勢崎線（東武晴空塔線）・日光線，直通運轉至南栗橋站，中目黑站則是連結至東急東橫線。

03系

與日比谷線互相串聯的其他鐵道公司之列車

❶

❷

❸

日比谷線的新列車

13000系

71702

東武70000系

新列車13000系於2017年開始運行。同時，東武鐵道也為了與日比谷線互相串聯而導入了新列車70000系，列車的內部裝潢也有愈來愈多共通之處。

❶ 東武20000型
❷ 東武20050型
❸ 東武20070型

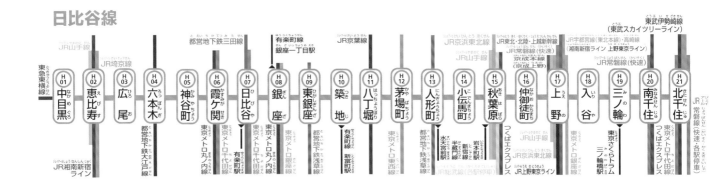

日比谷線

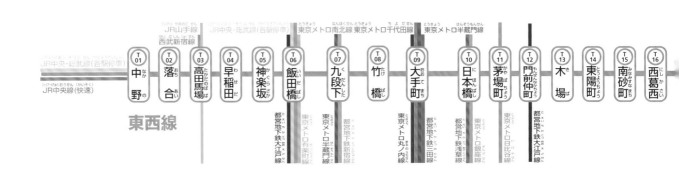

東西線

東西線正如其名所示，是東西向駛經東京的路線，連結中野站至西船橋站。從西船橋站開始分成兩條路線，一條是駛往JR總武線各站停車的津田沼站，另一條則直通運轉至東葉高速鐵道的東葉勝田台站。正式區間是從中野站通往西船橋站，實際上卻延伸至東京都西部的三鷹站與千葉縣人口密集地帶的北習志野站，甚至遠及東葉勝田台站，是條距離相當漫長的路線。途中會橫渡江戶川與荒川幾條大川。從南砂町站到西葛西站為2.7km，成了東京Metro中最長的站間。

與東西線互相串聯的其他鐵道公司之列車

❶ 05系　❷ 05系（鋁製車）　❸ 05系（改修車）　❹ 05N系　❺ 05N系（東葉高速鐵道2000系共用開發車）　❻ 07系　❼ 15000系
❽ JR東日本E231系800番台　❾ 東葉高速鐵道2000系

東葉高速鐵道
新京成電鉄
TR02 東海神 ひがしかいじん
TR03 飯山滿 はさま
TR04 北習志野 きたならしの
TR05 船橋日大前 ふなばしにちだいまえ
TR06 八千代綠丘 やちよみどりが
TR07 八千代中央 やちよちゅうおう
TR08 村上 むらかみ
TR09 東葉勝田台 とうようかつただい
京成本線 勝田台驛 けいせいほんせん かつただいえき

東西線
JR武藏野線 むさしの せん
T19 南行德 みなみぎょうとく
T20 行德 ぎょうとく
T21 妙典 みょうでん
T22 原木中山 ばらきなかやま
T23 西船橋 にしふなばし
東葉高速鐵道
JR總武線（各站停車）
京成本線 京成西船橋驛 けいせいほんせん けいせいにしふなばしえき
JR京葉線 けいようせん

東葉高速鐵道原本是做為紓解京成本線擁擠人潮的路線而規劃的第三部門鐵道※。可於北習志野站轉乘新京成電鐵，東葉勝田台站則連結至京成本線的勝田台站。

※ 所謂的第一部門是指國家或都道府縣・市區町村所經營的公家企業，第二部門為民間企業，第三部門則是指國家或都道府縣・市區町村與民間企業共同成立公司來經營公共事業。在鐵道方面通常稱為「第三部門鐵道」。

ⓒ 東京Metro千代田線

千代田線是指從綾瀨站通往代代木上原站的區間，以及從綾瀨站通往北綾瀨站的區間，與JR常磐線、小田急線互相串聯。自2016年起，JR常磐線、東京Metro千代田線、小田急小田原線及小田急多摩線等公司彼此合作，展開直通運行。於是，從綾瀨站直通運轉至茨城縣的取手站開通，還可搭乘小田急小田原線從代代木上原站通往伊勢原站，或是經由新百合丘站駛進多摩線前往唐木田站。小田急線的區間有急行與準急運行。最長的直通運轉是從取手站通往伊勢原站的急行，平日傍晚有2班，週六與假日傍晚有1班，奔馳於100.2km的區間。

❶ 16000系

❷ 05系（北綾瀨支線用）

與千代田線互相串聯的其他鐵道公司之列車

❸ JR東日本E233系2000番台

❹ 小田急4000型

❺ 小田急60000型「MSE」

千代田線

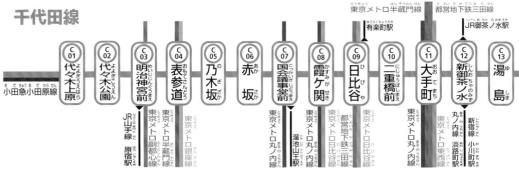

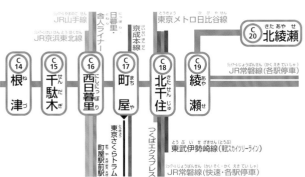

西武40000系

有樂町線 S-TRAIN

平日早上從所澤站發車、傍晚從豐洲站發車，是全車均為劃定席的列車。駛於東京Metro的途中僅停靠飯田橋站・有樂町站，連池袋站也過站不停

有樂町線是從和光市站連結至新木場站，並與東武東上線、西武池袋線互相串聯。從和光市站搭乘東武東上線通往川越市站（早晚時段有通往森林公園站，僅週六與假日早上直通副都心線的部分列車有通往小川町站）。此外，從小竹向原站搭乘西武有樂町線可行至練馬站，搭西武池袋線可抵達飯能站，而從所澤站搭乘西武新宿線則可通往本川越站。和光市～小竹向原站之間成為此線與副都心線的共用區間，除了副都心線的各站停車外，還有通勤急行與急行行駛。

從東京的近郊都市經由東武線或西武線即可通勤與通學至市中心，不必在大型總站池袋站或新宿站轉乘。今後已規劃將有樂町線從豐洲站延伸至半藏門線・都營新宿線的住吉站。

❶ 10000系

❷ 7000系

與有樂町線互相串聯的其他鐵道公司之列車

❸ 東武9000型　❹ 東武9050型　❺ 東武50070型　❻ 西武6000系

有樂町線　路線名稱由來的「有樂町」距離銀座也很近，有樂町Marion、有樂町ITOCiA、銀座東急廣場等大型的商業設施皆位於此，因購物人潮而熱鬧不已，曾是江戶時代南町奉行所的所在地。位於JR有樂町站與有樂町ITOCiA間的廣場內，有塊刻著「東京都指定舊跡　南町奉行所舊址」的石碑。

新富町站成了通往東京Metro日比谷線築地站的轉乘站，走出新富町站的剪票口後，還要走上地面並通過築地站的剪票口。往來於兩個剪票口需要5分鐘，有一點累人。

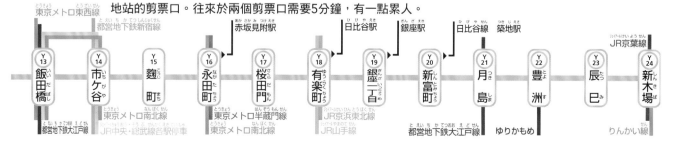

半藏門線是從澀谷站駛至押上站，為貫穿市中心的路線。因會通過江戶城（現今的皇居）的城門之一「半藏門」附近，而取了這個路線名稱。半藏門線雖然是東京Metro中站數最少的路線，但是和其他路線仍有互相串聯。從澀谷站搭乘東急田園都市線可直通運轉至中央林間站，此外，可從押上站駛進東武伊勢崎線（東武晴空塔線），而東武動物公園站再往前還可經由東武日光線通往南栗橋站，行駛總距離長達98.5km。

❶ 8000系

❷ 08系

與半藏門線互相串聯的其他鐵道公司之列車

❸ 東急2020系　❹ 東急5000系　❺ 東急8500系
❻ 東武50050型　❼ 東武30000系

因負責守衛此城門的德川家家臣服部家俗稱為「半藏」，故其此城門便稱為「半藏門」。伊賀忍者服部半藏之名可謂威名遠播。據說服部家的屬下被分配到的宅邸皆位於城門之外，當將軍遭逢任何變故時便可從甲州街道逃往甲府，曾是緊急專用門。

半藏門線

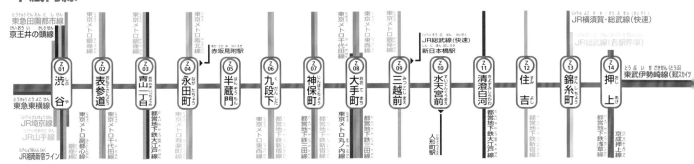

Ⓝ 東京Metro南北線

南北線是從目黑站通往赤羽岩淵站的路線，如路線名稱所示，以南北向駛於市中心。於目黑站連結至JR山手線、都營三田線與東急目黑線。往東急目黑線的日吉站有直通運轉車可互相串聯，東急目黑線的區間也有急行運行。從赤羽岩淵站出發的話則有埼玉高速鐵道（埼玉體育場線）直通運轉至浦和美園站。浦和美園站是離「埼玉2002體育場」最近的車站，因此每逢舉辦足球等賽事的日子都會因乘客而熙熙攘攘。

❶ 9000系（第1–4車次）

❷ 9000系（第5車次）

與南北線互相串聯的其他鐵道公司之列車

❸ 埼玉高速鐵道2000系　❹ 東急5080系

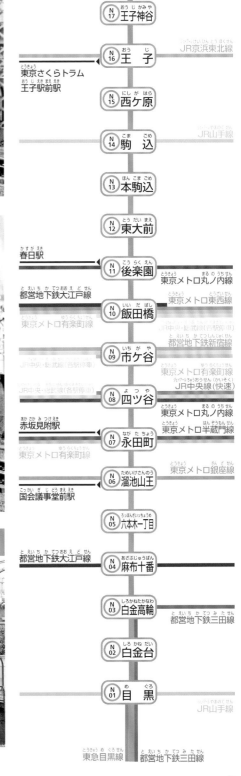

南北線

埼玉高速鉄道線
N19 赤羽岩淵
N18 志茂
N17 王子神谷
N16 王子　JR京浜東北線
東京さくらトラム 王子駅前駅
N15 西ケ原
N14 駒込　JR山手線
N13 本駒込
N12 東大前
春日駅 N11 後楽園　東京メトロ丸ノ内線
都営地下鉄大江戸線 N10 飯田橋　東京メトロ東西線
東京メトロ有楽町線
N09 市ケ谷　都営地下鉄新宿線
N08 四ツ谷　JR中央線(快速)
赤坂見附駅 N07 永田町　東京メトロ丸ノ内線／半蔵門線
東京メトロ有楽町線
N06 溜池山王　東京メトロ銀座線
国会議事堂前駅
N05 六本木一丁目
都営地下鉄大江戸線 N04 麻布十番
N03 白金高輪　都営地下鉄三田線
N02 白金台
N01 目黒　JR山手線
東急目黒線　都営地下鉄三田線

Ⓕ 東京Metro副都心線

副都心線是連結和光市站至澀谷站的新路線。此路線連接池袋、新宿、澀谷等具備副都心功能的地區，因此是以互相串聯為前提打造而成。副都心線與東武東上線、西武有樂町線、東急東橫線、橫濱高速鐵道港未來線互相串聯。東武東上線可直通和光市站的下一站森林公園站，西武有樂町線則連結至西武池袋線，可直通飯能站。

橫濱高速鐵道港未來線的終點站為元町・中華街站。於這個區間內直通運轉的急行、快速急行與特急則有「F-Liner」之稱。可從東京或埼玉西部地區直接進入市中心，因此這條路線平日有通勤與通學的乘客，假日則有愈來愈多觀光客搭乘，走訪號稱日本最大規模的中華街「橫濱中華街」及小江戶「川越」。

❶ 10000系（金腰帶列車） ❷ 10000系 ❸ 7000系

副都心線　雜司谷站位於池袋不遠處，街道卻寧靜得難以聯想到都市，原封不動保留著昔日東京的樣貌。位於車站附近的鬼子母神（法明寺）最近成了能量景點而人氣高漲，咖啡廳等也日益增加，成為年輕人的聚集地。

與副都心線互相串聯的其他鐵道公司之列車

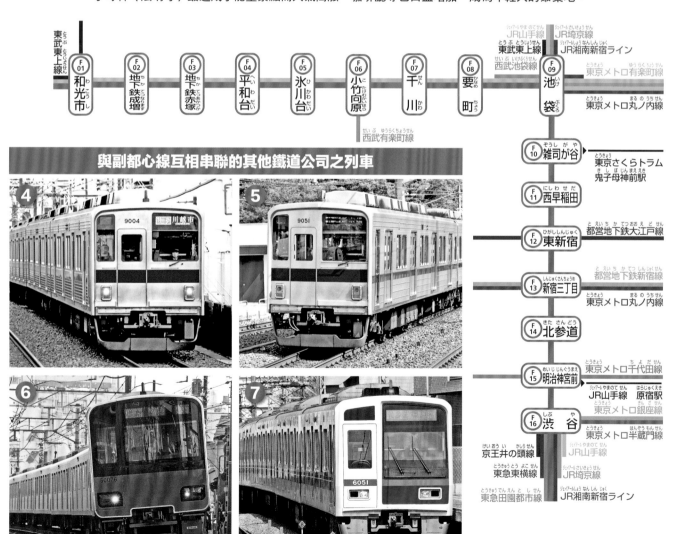

SR 埼玉高速鐵道（埼玉體育場線）

埼玉高速鐵道有個暱稱為「埼玉體育場線」。浦和美園站是離「埼玉2002體育場」最近的車站，正式路線是通往赤羽岩淵站，還與南北線、東急目黑線互相串聯。是埼玉縣與沿線的自治體、東京Metro等出資成立的第三部門鐵道。現在是首條通過鳩谷市（已成為川口市的一部分）的鐵道，在那之前從鳩谷市沿線行至市中心相當費時，如今通勤與通學的方便性有顯著提升。

浦和美園站附近的「埼玉2002體育場」曾用來舉辦2002FIFA世界盃足球賽，是以亞洲最大規模著稱的足球專用球場。已規劃將埼玉高速鐵道經由東武野田線（東武Urban-Park Line）的岩槻站延伸至JR宇都宮線的蓮田站。

此球場也會用來舉辦日本職業足球聯賽（J聯賽）或日本國家足球隊的國際A級賽等，已成為J聯賽「浦和紅鑽」的主場。有浦和紅鑽的賽事時，浦和美園站便會擠滿球迷，站內幾乎被紅色運動服（浦和紅鑽的俱樂部代表色）染成一片赤紅。

埼玉高速鐵道
埼玉體育場線

- SR26 浦和美園 うらわみその
- SR25 東川口 ひがしかわぐち ── JR武蔵野線
- SR24 戸塚安行 とづかあんぎょう
- SR23 新井宿 あらいじゅく
- SR22 鳩ヶ谷 はとがや
- SR21 南鳩ヶ谷 みなみはとがや
- SR20 川口元郷 かわぐちもとごう
- SR19 赤羽岩淵 あかばねいわぶち ── 東京メトロ南北線

與埼玉高速鐵道（埼玉體育場線）互相串聯的其他鐵道公司之列車

❶ 東急3000系　❷ 東急5080系　❸ 東京Metro9000系

與副都心線互相串聯的其他鐵道公司之列車

- ❹ 東武9000型
- ❺ 東武9050型
- ❻ 東武50070型
- ❼ 西武6000系
- ❽ 西武40000系
- ❾ 東急5000系
- ❿ 東急5050系
- ⓫ 東急5050系4000番台
- ⓬ 橫濱高速鐵道Y500系

Ⓐ 都營地下鐵淺草線

淺草線是從大田區的西馬込站連結至墨田區的押上站。這條路線具備機場交通線的功能，連結羽田與成田兩座日本最具代表性的機場。可經由京急電鐵通往羽田機場，或是與京成電鐵互相串聯通往成田機場。

淺草線是東京都交通局最早的地下鐵，1960年於押上～淺草橋站間通車，歷史十分悠久。當時稱為「都營1號線」，1978年才變更成現在的路線名稱「淺草線」。

都營5500型

都營5300型

① 京急新1000型　② 京急600型
③ 京急1500型　④ 京成3000型
⑤ 京成3050型　⑥ 京成3400型
⑦ 京成3500型　⑧ 京成3600型
⑨ 京急3700型　⑩ 北總7300型
⑪ 北總7500型　⑫ 北總9100型
⑬ 北總9200型　⑭ 北總9800型

與淺草線互相串聯的其他鐵道公司之列車

都營淺草線 都營三田線

三田線是行駛於西高島平站（位於板橋區埼玉縣附近）到JR、東京Metro南北線目黑站的區間。以反向〈字的形狀駛過東京的南北方，從東京西北部出發，經由市中心的大手町連結至品川區的目黑站。從目黑站與東急目黑線直通運行，通往日吉站。東急目黑線的區間有急行運行。

從高島平站到終點的西高島平站之間有個1970年代所打造的「高島平社區」，早晚時段因通勤與通學而擠得水洩不通。三田線是單人乘務列車運行，因此全站皆設置了月台門。

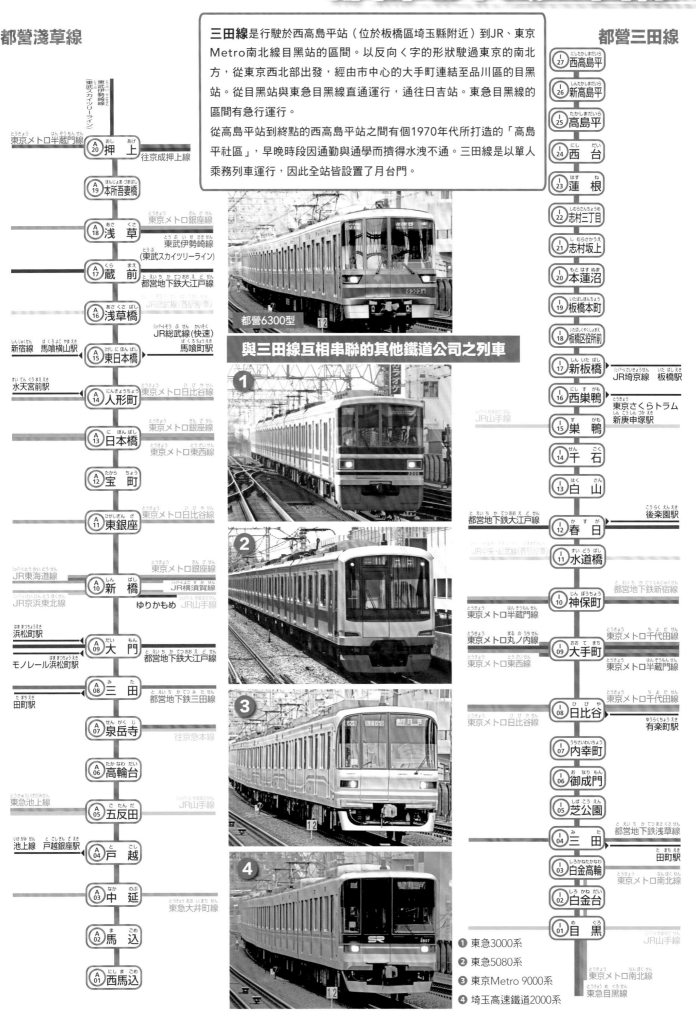

都營6300型

與三田線互相串聯的其他鐵道公司之列車

❶

❷

❸

❹

❶ 東急3000系
❷ 東急5080系
❸ 東京Metro 9000系
❹ 埼玉高速鐵道2000系

東京メトロ半蔵門線
（東武スカイツリーライン）
東武伊勢崎線

A20 押上
往京成押上線

A19 本所吾妻橋

A18 浅草
東京メトロ銀座線
東武伊勢崎線
（東武スカイツリーライン）

A17 蔵前
営団地下鉄大江戸線

A16 浅草橋
JR総武線（各部停車）

A15 東日本橋
新宿横山線 馬喰横山駅
JR総武線（快速）
馬喰町駅

A14 人形町
水天宮前駅
東京メトロ日比谷線

A13 日本橋
東京メトロ銀座線
東京メトロ東西線

A12 宝町

A11 東銀座
東京メトロ日比谷線

A10 新橋
JR東海道線
JR京浜東北線
東京メトロ銀座線
JR横須賀線
ゆりかもめ JR山手線

A09 大門
浜松町駅
モノレール浜松町駅
都営地下鉄大江戸線

A08 三田
田町駅
都営地下鉄三田線

A07 泉岳寺
往京急本線

A06 高輪台

A05 五反田
JR山手線

A04 戸越
東急池上線
池上線 戸越銀座駅

A03 中延
東急大井町線

A02 馬込

A01 西馬込

都營三田線

I27 西高島平

I26 新高島平

I25 高島平

I24 西台

I23 蓮根

I22 志村三丁目

I21 志村坂上

I20 本蓮沼

I19 板橋本町

I18 板橋区役所前

I17 新板橋
JR埼京線 板橋駅

I16 西巣鴨
東京さくらトラム 新庚申塚駅

I15 巣鴨
JR山手線

I14 千石

I13 白山

I12 春日
都営地下鉄大江戸線 後楽園駅
JR中央・総武線（各駅停車）

I11 水道橋

I10 神保町
都営地下鉄新宿線
東京メトロ半蔵門線

I09 大手町
東京メトロ丸ノ内線
東京メトロ東西線
東京メトロ千代田線
東京メトロ半蔵門線

I08 日比谷
東京メトロ日比谷線
東京メトロ千代田線
有楽町駅

I07 内幸町

I06 御成門

I05 芝公園

I04 三田
都営地下鉄浅草線
田町駅

I03 白金高輪
東京メトロ南北線

I02 白金台

I01 目黒
JR山手線
東京メトロ南北線
東急目黒線

S 都營地下鐵新宿線

新宿線是行駛於新宿站至千葉縣市川市本八幡站之區間的地下鐵。為都營地下鐵中唯一延伸至東京都外的路線。從新宿站開始與京王線互相直通運轉，通往調布站一帶。中央·總武線各站停車是人潮洶湧的路線，為了支援該線，新宿線從新宿站出發後，會通過神保町、岩本町、森下與中央·總武線各站停車的路線南側，再於終點的本八幡站連結至JR中央·總武線各站停車。與京王線直通運行時則避開JR新宿站，打造出宛如外環道路般的京王新線，於笹塚站連結至本線。從調布站行駛京王高尾線通往高尾山口站，與京王相模原線互相串聯後駛至橋本站。京王線內有快速、區間急行與急行運行。新宿線內也有急行行駛。

❶ 10-300型（第1、2車次）

❷ 10-300型（第3–5車次）

與新宿線互相串聯的其他鐵道公司之列車

❸ 京王5000系

❹ 京王9000系30番台

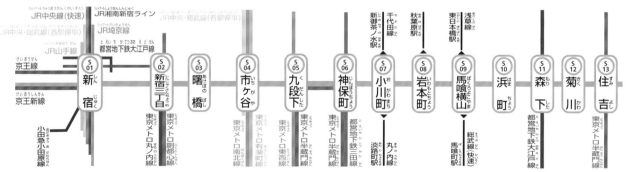

都營新宿線

大江戶線的路線形狀近似數字6。6的前端相當於練馬區的光丘站,圓圈起點處則是都廳前站。從都廳前站經由兩國站與六本木站等,再回到都廳前站,6字的圓圈部位就此閉合。

大江戶線的光丘站有個龐大的「光丘社區」,將居民運載至市中心。途中的練馬站有很多來自西武池袋線的轉乘乘客,是早晚時段都人潮洶湧的路線。為都營地下鐵首條以單人乘務運行的路線,全線皆位於隧道內,為全日本最長的連續隧道。以鐵輪式線性馬達車運行,此線隧道的剖面面積只有一般地下鐵的一半,列車長為3.5m、寬35cm、高1m,是迷你的地下鐵。

❶ 12-000型

❷ 12-600型

鐵輪式線性馬達車

於2條軌道間鋪設被稱為感應板(reaction plate)的金屬板,並於轉向架下方裝配線性馬達以產生動力,利用此方式的列車不會浮起。車輪奔馳於軌道上。除了都營大江戶線外,橫濱市營地下鐵的綠線也有採用。

感應板

E5000型電氣機關車

這種電氣機關車的用途在於牽引大江戶線的列車,當該線的列車要進行重要部位檢查與整體檢驗時,就將其牽運至淺草線的馬込列車檢修場。而串起大江戶線與淺草線的聯絡路線則是從大江戶線汐留站連接到淺草線大門站・新橋站之間。

都營大江戶線

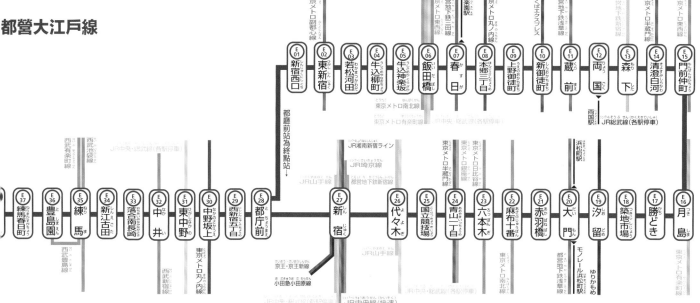

橫濱市營地下鐵藍線・綠線

兩者皆為橫濱市交通局負責營運的路線。

藍線從藤澤市的湘南台站通往青葉區的薊野站，路線距離為40.4km。**綠線**則是從綠區的中山站連結至港北區的日吉站。綠線的路線距離為13.0km，長度只有藍線的3分之1左右。藍線和東京Metro的銀座線與丸之內線一樣，是採用第三軌供電的方式。綠線則是採用鐵輪式線性馬達車。這兩條路線於中心北站與中心南站相接。也有很多來自戶塚站與湘南台站之間的住宅街的居民搭乘，成為橫濱周邊不可或缺的鐵道網。

Ⓑ 藍線

此線上有許多與其他路線連結的車站，比如連結至東急田園都市線的薊野站、接至東海道新幹線的新橫濱站、與多條路線相接的橫濱站、接至根岸線的櫻木町站與關內站、接至京急本線的上大岡站、接至東海道本線的戶塚站，還有接至相鐵泉野線與小田急江之島線的湘南台站。此外，此線行駛於JR根岸線與京急本線之間，對於離這兩條路線都很遠的居民而言，成了方便的代步工具。

❶ 3000A型
❷ 3000N型
❸ 3000R型
❹ 3000S型
❺ 3000V型

Ⓖ 綠線

最高時速為80km，是線性式地下鐵中行駛速度最快的，也是線性式地下鐵中首條行駛於地面的路線。於日吉站連結至東急東橫線・目黑線，於中心北站・中心南站與藍線相接，於中山站接續至JR橫濱線，對離東急田園都市線或東急東橫線都很遠的居民而言，是相當方便的路線。

❶ 10000型
❷ 10000型
橫濱市電彩繪列車

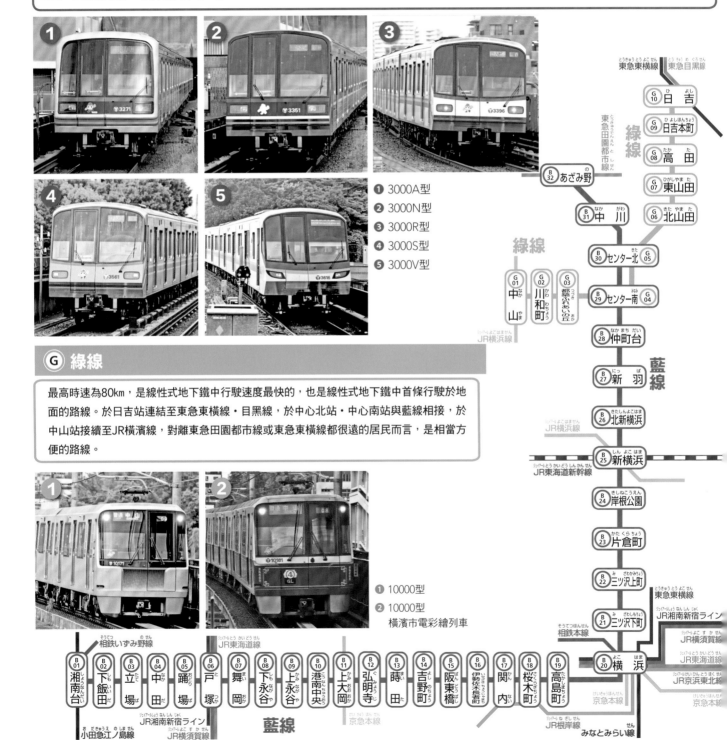

有些鐵道公司會對外開放車庫舉辦鐵道節。可體驗鐵道工作、聽聽鐵道故事的脫口秀，還有平常看不到的列車展示，一整天下來可以充分學習鐵道的相關事物。大家不妨來此一遊！

京急家族鐵道節（春季舉辦）

京急家族鐵道節的舞台就在久里濱工廠。不僅有接送巴士，回程推出從會場通往京急久里濱站的臨時列車，也是該鐵道節的樂趣之一。因為是平常不能上下車的站點，請務必搭乘看看。工廠參觀、脫口秀、電車零件與各種鐵道商品的販售也都令人期待。

小田急家族鐵道展（春或秋季舉辦）

於海老名站周邊舉辦。第一會場的列車基地內可近距離觀賞浪漫特快，也有列車機器操作體驗區。第二會場則於購物中心內準備遊樂器材，還有脫口秀與攝影大會炒熱氣氛。

鐵道博物館

展示實體電車與蒸汽機關車的鐵道博物館分布於日本各地，假日總因大批來館者而熱鬧不已。到了週末或暑假等還會舉辦活動。當中也有些博物館擁有可體驗駕駛電車的設施，或是能讓喜歡的鐵道模型動起來的鐵道立體透視模型。可透過實體列車了解於鐵道初期活躍一時的蒸汽機關車是如何逐步演變成現在所見的電車，還能觀賞已退役的珍貴列車。不妨到可以快樂學習鐵道歷史的鐵道博物館走走。

鐵道博物館
THE RAILWAY MUSEUM

搭載於轉車盤的是C57型蒸汽機關車

此館位於埼玉市，是日本規模最大的博物館。室內外共展示41輛列車。最主要的「列車」車站上展示著新幹線、蒸汽機關車與皇室專用車等多達36輛實體列車。此外，以「科學」、「工作」、「歷史」與「未來」為主題的5座車站（展示室）上也都設有體驗展示。

開館時間：10:00～18:00（入館至閉館前30分鐘）
休 館 日：每週二與新年期間
　　　　　※國定假日、黃金週與暑假等週二則照常開館
入館費用：大人1,300日圓，國小至高中生600日圓，幼童（3歲以上尚
　　　　　未就學的兒童）300日圓
地　　址：埼玉県さいたま市大宮区大成町3丁目47番
電話號碼：048-651-0088
交　　通：從JR大宮站搭New Shuttle於「鐵道博物館站」下車即達

於東海道新幹線開通時行駛的
0系21型新幹線

可體驗駕駛E5系新幹線的模擬器炙手可熱

博物館商店「TRAINIART」品項豐富

「迷你駕駛列車」可於實際的鐵道上行駛

各博物館的詳情請上官網確認。

碓冰峠鐵道文化村

信越線是從群馬縣的橫川站連結至長野線的輕井澤站，於1997年廢線後，便於該列車基地打造這座鐵道體驗型主題樂園。整備超過30輛寶貴的列車，有曾於碓冰峠活躍一時的列車、國鐵時代的列車等，還可體驗駕駛EF63型電氣機關車。試乘觀光小火車或迷你SL等應該也是不錯的體驗。

橫川站的「峠之釜飯」是從以前就很搶手的火車便當

開園時間：9:00～17:00（11月1日～2月最後一天至16:30）
　　　　　入園至閉園前30分鐘
休 園 日：每週二（遇國定假日隔天休）與12月29日～1月4日
　　　　　※8月的週二則照常開園
入園費用：國中生以上500日圓，國小生300日圓，尚未就讀國小則
　　　　　免費（家長陪同）
地　　址：群馬縣安中市松井田町橫川407-16
電話號碼：027-380-4163
交　　通：JR信越線橫川站下車即達

此博物館裡介紹了歷史悠久的東武鐵道的演化過程及鐵道功能。館內劃分為8區，展示著蒸汽機關車、木造電車與特急電車等實體列車。是間體驗型的博物館，有模擬器可以親身感受運輸結構，還能讓實體鐵道機器動起來。

東武博物館

為了東武鐵道開通而從英國購入的5號蒸汽機關車

開館時間：10:00～16:30（入館至閉館前30分鐘）
休 館 日：每週一（遇國定假日與補假則隔天休）與
　　　　　12月29日～1月3日
入館費用：大人200日圓，小孩100日圓（4歲～國中生）
地　　址：東京都墨田區東向島4-28-16
電話號碼：03-3614-8811
交　　通：東武伊勢崎線（東武晴空塔線）東向島站下車即達

1924年淺草～西新井之間首次電氣化時行駛的木造「DEHA 1型5號」

地下鐵博物館

日本唯一一間地下鐵專門博物館。依循地下鐵的歷史介紹列車的結構與地下鐵建設的技術。館內有日本首輛地下鐵「1000型」及車體為紅色的「營團300型」，可進入車內乘坐。

此外，還有可在實體駕駛台上操作的千代田線模擬器與鐵道立體透視模型，是間樂趣無窮的博物館。

開館時間：10:00～17:00（入館至閉館前30分鐘）
休 館 日：每週一（遇國定假日與補假則隔天休）與12月30日～1月3日
入館費用：大人210日圓，小孩100日圓（滿4歲以上至國中生）
地　　址：東京都江戶川區東葛西6丁目3番1號
電話號碼：03-3878-5011
交　　通：東京Metro東西線葛西站高架下

丸之內線301號車（左）與日本首輛地下鐵列車1001號車（右）
列車旁還重現了開通當時的上野站

特急SPACIA

於淺草站～日光線・東武日光站起訖的「華嚴號」、
於淺草站～鬼怒川線・鬼怒川溫泉站起訖的「鬼怒號」、
連結JR新宿站～鬼怒川溫泉站・東武日光站之間的JR線直通特急
「SPACIA鬼怒號」與「SPACIA日光號」，都是以此系列的列車運
行。

100系

基於與台灣締結的友好鐵道協定，這款200
型採用在台灣行駛的特急普悠瑪號之設計

特急兩毛號

從淺草站經由伊勢崎線（東武晴空
塔線）・桐生線通往赤城站。

200型

特急Revaty號

主要運行於淺草站～館
林站・東武日光站・會
津田島站之間。

500系

特急下野號
特急霜降號

「下野號」是平日行駛於淺草站～東武
宇都宮站之間，「霜降號」則是週六與
假日運行於淺草站～東武日光站之間。

350型

TJ Liner

運行於東上線的池袋站～森林公園
站・小川町站之間。

50090型

晴空塔線

設置了多樣的座椅、展望窗、前方展望
空間與沙龍，做為活動列車運行。

634型

連結東京都與埼玉縣或北關東一帶，為關東營業距離最長的私鐵。也與JR、東京Metro、野岩鐵道等互相串聯行駛。

TS 東武晴空塔線系統
TI 伊勢崎線・佐野線・小泉線・桐生線・大師線

配合東京晴空塔開業，東武伊勢崎線的淺草～東武動物公園站、押上～曳舟站還取了「東武晴空塔線」的暱稱。

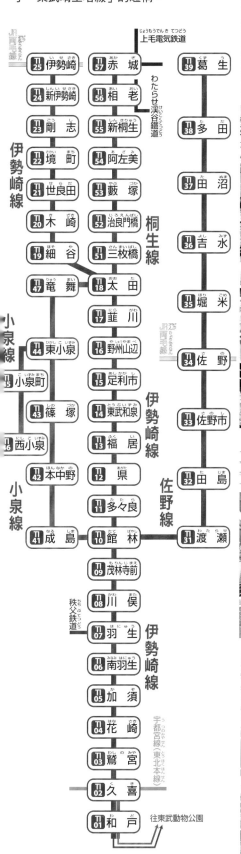

JR武蔵野線 南越谷駅

上毛電気鉄道

TI25 伊勢崎
TI24 新伊勢崎
TI23 剛志
TI22 境町
TI21 世良田
TI20 木崎
TI19 細谷

伊勢崎線

TI57 赤城
TI56 相老
TI55 新桐生
TI54 阿左美
TI53 藪塚
TI52 治良門橋
TI51 三枚橋
TI18 太田

桐生線

わたらせ渓谷鐵道

TI39 葛生
TI38 多田
TI37 田沼
TI36 吉水
TI35 堀米
TI34 佐野
TI33 佐野市
TI32 田島
TI31 渡瀬

佐野線

TI47 竜舞
TI17 韮川
TI16 野州山辺
TI15 足利市
TI14 東武和泉
TI13 福居
TI12 県
TI11 多々良
TI10 館林

伊勢崎線

TI44 東小泉
TI45 小泉町
TI43 篠塚
TI46 西小泉
TI42 本中野
TI41 成島

小泉線

TI09 茂林寺前
TI08 川俣
TI07 羽生
TI06 南羽生
TI05 加須
TI04 花崎
TI03 鷲宮
TI02 久喜
TI01 和戸

伊勢崎線

秩父鉄道

宇都宮線（東北本線）

往東武動物公園

東武伊勢崎線

TS30 東武動物公園
TS29 姫宮
TS28 北春日部
TS27 春日部
TS26 一ノ割
TS25 武里
TS24 せんげん台
TS23 大袋
TS22 北越谷
TS21 越谷
TS20 新越谷
TS19 蒲生
TS18 新田
TS17 獨協大学前
TS16 草加
TS15 谷塚
TS14 竹ノ塚
TS13 西新井
TS12 梅島
TS11 五反野
TS10 小菅
TS09 北千住
TS08 牛田
TS07 堀切
TS06 鐘ヶ淵
TS05 東向島
TS04 曳舟
TS03 押上
TS02 とうきょうスカイツリー
TS01 浅草

東武日光線

東武野田線（東武アーバンパークライン）

TS51 大師前

大師線

伊勢崎線（東武晴空塔線）

東京メトロ千代田線
つくばエクスプレス
JR常磐線快速
JR常磐線
東京メトロ日比谷線

京成本線 京成関屋駅

都営地下鉄浅草線
東京メトロ銀座線

京成押上線
東武亀戸線
東京メトロ半蔵門線

此紓解東武伊勢崎線的擁擠人潮，可從兩條地下鐵中選擇距離最近的車站前至市中心，是相當方便的路線。

從北千住站與日比谷線互相串聯，從押上站與東京Metro半藏門線互相串聯，通往南栗橋站。藉

❶ 70000系
❷ 10000型
❸ 10030型
❹ 20000型
❺ 20050型
❻ 30000系
❼ 50050型

❶ 8000型・8500型 ❷ 9000型 ❸ 9050型 ❹ 10000型 ❺ 10030型 ❻ 30000系 ❼ 50000型 ❽ 50070型

東上本線

JR八高線
秩父鉄道

| TJ38 寄居 | TJ37 玉淀 | TJ36 鉢形 | TJ35 男衾 | TJ34 東武竹沢 | TJ33 小川町 | TJ32 武蔵嵐山 | TJ31 つきのわ | TJ30 森林公園 | TJ29 東松山 | TJ28 高坂 | TJ27 北坂戸 | TJ26 坂戸 | TJ25 若葉 | TJ24 鶴ケ島 | TJ23 霞ケ関 | TJ22 川越市 | TJ21 川越 | TJ20 新河岸 | TJ19 上福岡 | TJ18 ふじみ野 | TJ17 鶴瀬 | TJ16 みずほ台 | TJ15 柳瀬川 |

JR八高線　　　　　　JR川越線

越生線

| TJ47 越生 | TJ46 武州唐沢 | TJ45 東毛呂 | TJ44 武州長瀬 | TJ43 川角 | TJ42 西大家 | TJ41 一本松 |

JR八高線

❾ 60000系
❿ 8000型・8500型

沿線為人口日益增加的首都圈郊外。有很多公園，故以Urban（都市）與Park（公園）組成「Urban-Park」命名。較具代表性的是擁有廣大腹地的大宮公園（於大宮公園站下車），以及位於野田市且面積也很大的清水公園（於清水公園站下車）。

野田線（東武Urban-Park Line）

JR東北・上越・北陸新幹線
ニューシャトル
JR川越線
JR宇都宮線（東北本線）・高崎線

東武伊勢崎線（東武スカイツリーライン）

| TD01 大宮 | TD02 北大宮 | TD03 大宮公園 | TD04 大和田 | TD05 七里 | TD06 岩槻 | TD07 東岩槻 | TD08 豊春 | TD09 八木崎 | TD10 春日部 | TD11 藤の牛島 | TD12 南桜井 | TD13 川間 | TD14 七光台 | TD15 清水公園 | TD16 愛宕 | TD17 野田市 |

JR京浜東北線
JR湘南新宿ライン
JR埼京線

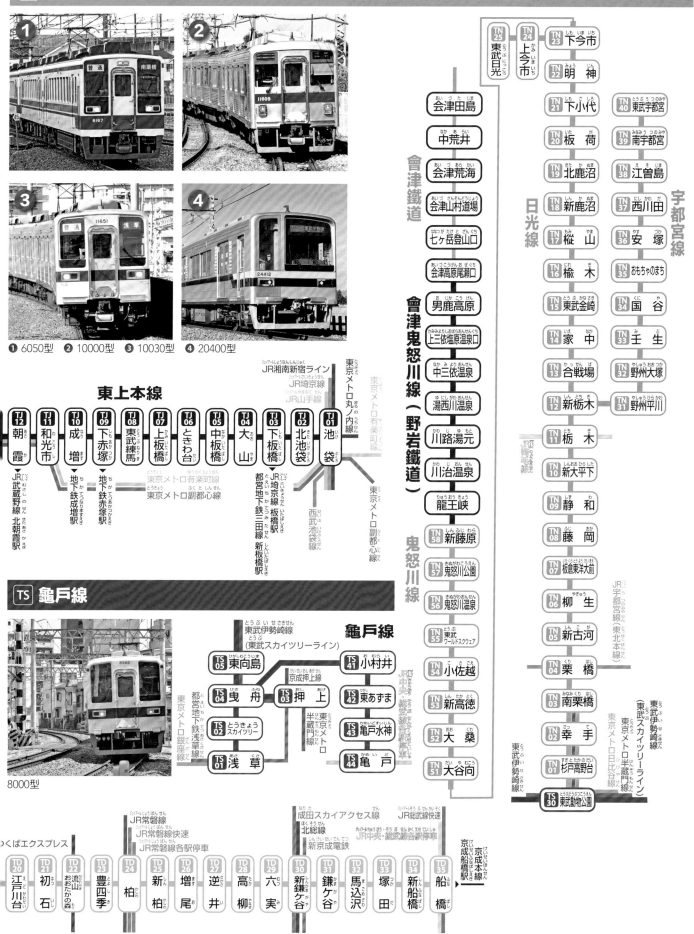

❶ 6050型　❷ 10000型　❸ 10030型　❹ 20400型

8000型

京成電鐵

京成Skyliner

要前往成田機場有幾條鐵道路線。京成Skyliner對在上野站或日暮里站搭車的東京北部或埼玉一帶的乘客而言十分方便。乘客於2013年達1,000萬人，2018年超過3,000萬人，並且仍持續增加中。撇除新幹線不看，京成Skyliner以日本最快的時速160km奔馳，最短36分鐘即可從日暮里站連結至機場第二候機樓站。帶有速度感的流線型設計也備受喜愛，有放置行李的空間且座位寬敞，相當受到乘客好評。時間表排定每隔20分鐘一班，志在成為愈來愈方便的路線。

AE型

京成本線・成田機場線・東成田線

❶ 3000型第7車次（3050型）　❷ 3000型　❸ 3700型

❹ 3600型　❺ 3500型（更新車）　❻ 3400型

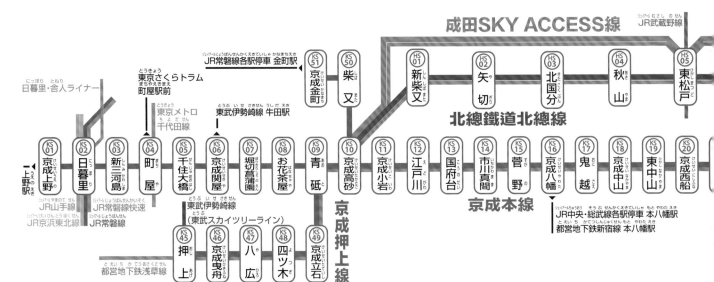

於東京都與千葉縣擁有鐵道網的私鐵，為用於通往成田機場的鐵道之一。與都營地下鐵淺草線・京濱急行互相串聯，連結成田機場與羽田機場，也與北總鐵道及芝山鐵道互相串聯。

北總鐵道

北總鐵道（千葉新城鐵道所有）

❶ 7300型　❷ 7500型　❸ 9100型　❹ 9200型

芝山鐵道

押上線・金町線・千葉線・千原線

❺ 9800型　❻ 3500型（3540編制）　❼ 3000型第7車次（3050型）　❽ 3000型

❾ 3700型　❿ 3600型　⓫ 3500型（更新車）　⓬ 3400型

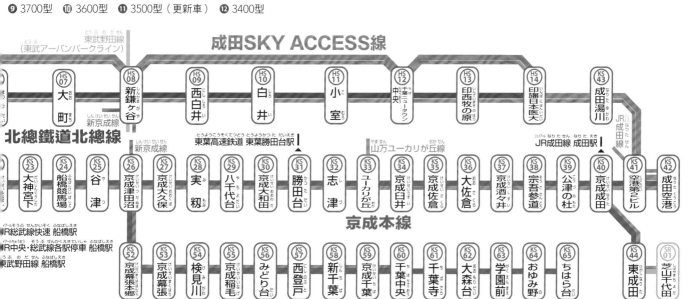

西武鐵道

001系「Laview號」

於2019年登場的001系新型特急。前面呈球狀，可由此設計一眼辨識出「Laview號」。車體帶有能感受次世代的鮮明意象。加大了車窗，從舒適的車內望出去，景色看起來無比遼闊。

有「特急秩父號」運行於池袋站～所澤站～入間市站～飯能站～西武秩父站，還有「特急武藏號」運行於池袋站～所澤站～入間市站～飯能站。從池袋站耗費約1小時20分鐘即可抵達西武秩父站。

10000系「新紅箭號」

池袋線有「特急秩父號」與「特急武藏號」運行於池袋站～飯能站・西武秩父站之間；新宿線則有「小江戶號」行駛於西武新宿站～本川越站之間。

40000系S-TRAIN

僅於週六與假日的早晚時段運行，從橫濱站、澀谷站或新宿三丁目站這類位於鬧區的車站出發，不必在池袋站轉乘即可通往秩父，是相當方便的列車。雖然也有停靠池袋站，卻是專為下車而停，不得上車。全車均為指定席，從元町・中華街站通往西武秩父站，為單程約2小時15分鐘的鐵道旅行路線。40000系的列車平常是一般的通勤列車，因此為直排式座椅，做為S-TRAIN運行時則會轉換成橫排式座椅。

西武 旅行餐廳 52席的至福 52型（4000系改修）

以週六與假日為主，運行於池袋站～西武秩父站之間、西武新宿站～西武秩父站之間、西武新宿站～本川越站之間等，為完全預約制的餐廳列車。可一邊享用季節料理一邊度過特別的片刻時光。

池袋線系統（秩父線・豐島線・西武有樂町線）

❶ 30000系（微笑列車）　❷ 20000系　❸ 20000系（第三代「L-Train」）

❹ 9000系　❺ 9000系（RED LUCKY TRAIN）　❻ 9000系（第二代「L-Train」）

❼ 6000系　❽ 2000系

國分寺線・多摩湖線・多摩川線

❾ 101系　❿ 雙色調「黃色×米色」　⓫ 紅色電車　⓬ 伊豆箱根鐵道創業100週年協作色電車

新宿線系統（新宿線・拜島線・西武園線）

西武新宿線運行於西武新宿站～本川越站之間，是未與其他路線互相串聯的稀有路線。西武新宿站離JR新宿站有些距離，因此乘客主要來自高田馬場站。

有特急新紅箭號「小江戶號」運行，沿線包含新井藥師前站與武藏關站等無數櫻花名勝，春季會有許多賞花遊客來訪。

於盛開櫻花中奔馳的西武新宿線

武藏關站附近　　新井藥師前站附近

拜島Liner

40000系

經由新宿線・拜島線從西武新宿站行駛至拜島站，為收費指定席列車。若從西武新宿站・高田馬場站搭乘，須收指定席費用，從小平站之後搭車則不收指定席費用。

SS 36 拜島	SS 35 西武立川	SS 34 武藏砂川	SS 33 玉川上水	SS 32 東大和	SS 31 小川	SS 30 萩山	SS 19 小平	SS 02 高田馬場	SS 01 西武新宿

東武東上線 川越市駅・川越駅
JR川越線 川越駅 ◀

直通長瀞

御花畑　接續

秩父鐵道

影森

直通三峰口

西武秩父線　　池袋線

SI 36 西武秩父	SI 35 橫瀨	SI 34 芦ケ久保	SI 33 正丸	SI 32 西吾野	SI 31 吾野	SI 30 東吾野	SI 29 武藏橫手	SI 28 高麗	SI 27 東飯能	SI 26 飯能	SI 25 元加治	SI 24 仏子	SI 23 入間市	SI 22 稻荷山公園	SI 21 武藏藤澤	SI 20 狹山ヶ丘	SI 19 小手指	SI 18 西所澤	SI 17 所澤	SI 16 秋津

JR八高線

新宿線

SS 29 本川越	SS 28 南大塚	SS 27 新狹山	SS 26 狹山市	SS 25 入曾	SS 24 新所澤	SS 23 航空公園	SS 22 所澤

▲ JR武藏野線

SI 41 西武球場前　SY 02 遊園地西
山口線　SY 01 西武遊園地　ST 07 西武遊園地

SI 40 下山口　SK 06 西武園　狹山線
SK 05 東村山　SS 21 東村山

ST 06 武藏大和　ST 05 八坂　西武園線
國分寺線

SK 04 小川　SS 31 小川

多摩湖線

JR八高線
JR青梅線
JR五日市線

拜島線

SS 36 拜島	SS 35 西武立川	SS 34 武藏砂川	SS 33 玉川上水	SS 32 東大和市

JR青梅線　　多摩都市モノレール

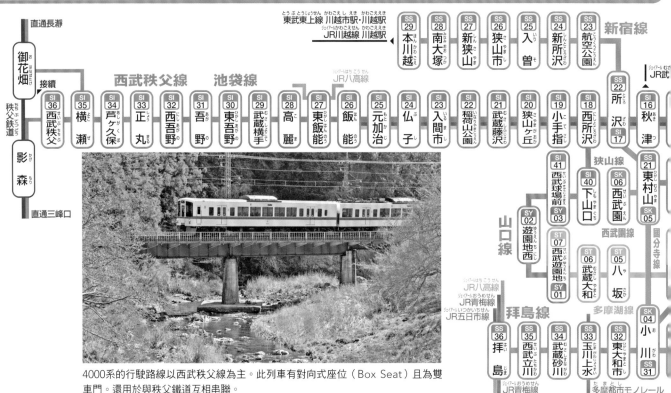

4000系的行駛路線以西武秩父線為主。此列車有對向式座位（Box Seat）且為雙車門。還用於與秩父鐵道互相串聯。

❶ 30000系（微笑列車） ❷ 20000系 ❸ 20000系（第三代「L-Train」）

❹ 9000系 ❺ 9000系（第二代「L-Train」） ❻ 2000系

Leo liner（山口線）

以暱稱「童話列車」為大家所熟悉的山口線已翻新成新交通系統。也廣泛用於通勤與通學，或是前去觀看棒球賽事、遊樂園等娛樂用途。

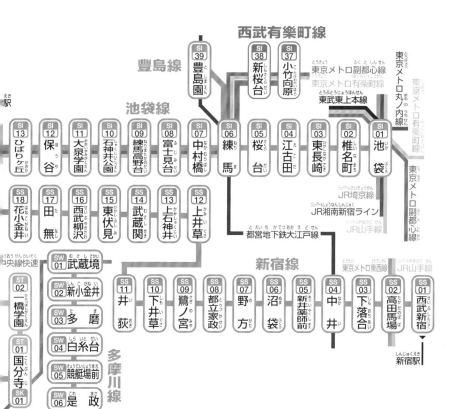

8500系

西武鐵道的發車導覽

西武鐵道的部分車站內有多座月台。這類車站的發車順序導覽如同照片呈現。「即將進站（こんど）」後是「下一班（つぎ）」，再者為「下下班（そのつぎ）」，再接著則是「其後（そのあと）」！（照片攝於平日中午時的西武球場前站）

京王電鐵

於東京都內與神奈川縣北部擁有鐵道網的私鐵，沿線上有高尾山、多摩動物公園與東京賽馬場等。部分列車與都營新宿線互相串聯。

京王Liner

為收費指定席列車，於平日、週六與假日行駛。早上從京王八王子站行駛至新宿站最快42分鐘，從橋本站到新宿站最快24分鐘即可抵達。座位比普通車還寬敞，有Wi-Fi與插座很方便，還能像新幹線般旋轉座椅改成對向座位。週末則做為「Mt. TAKAO號」運行，從新宿站通往高尾山口站。

5000系

KO 京王線・京王相模原線・京王高尾線・競馬場線・動物園線

❶ 9000系 ❷ 8000系 ❸ 7000系

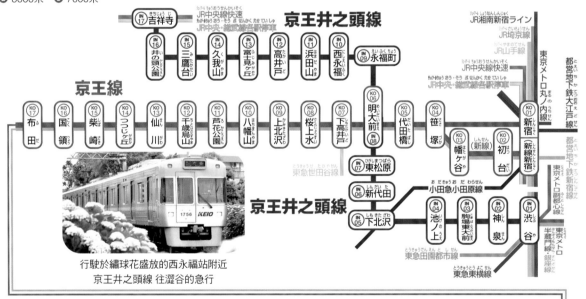

行駛於繡球花盛放的西永福站附近
京王井之頭線 往澀谷的急行

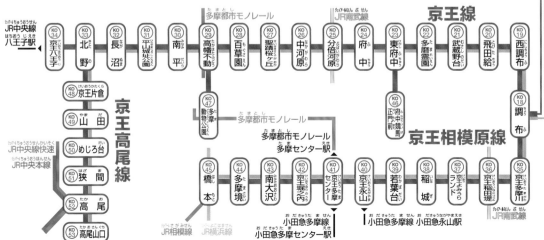

(IN) 京王井之頭線

1000系

❶ 彩虹色彩繪

❷ 淺綠

❸ 藍綠

❹ 鮭魚粉

❺ 薰衣草紫

❻ 米橙

❼ 天空藍

❽ 象牙白

於滿布紅葉的井之頭公園附近奔馳的京王井之頭線

連結千葉縣的松戶站與京成津田沼站，部分電車與京成千葉線互相串聯。為京成電鐵的子公司，設立於1946年。籌備階段時取其地名稱為「下總電鐵」，後來則結合「京成集團的新公司」這層含意而命名為新京成電鐵。此外，設立當時的路線寬度有別於京成電鐵，後來才變更成相同的寬度。

❶ N800型

❷ 8900型

❸ 8800型

❹ 8000型

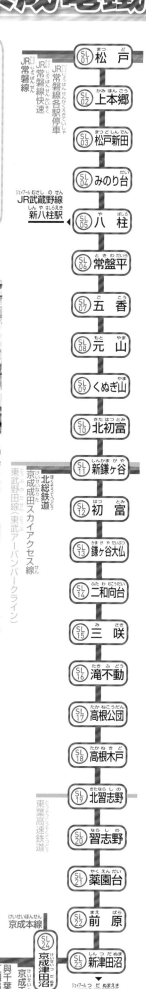

小田急電鐵

浪漫特快
GSE（70000型）

全車均為指定席的特急，據說是私鐵中最受歡迎的浪漫特快。GSE（Graceful Super Express）為「優雅的特急」之意。浪漫特快的特色在於有展望席，可全方位眺望外面的景色。保證有座位可坐這點也是魅力之一，不僅限於觀光客搭乘，平日晚上等甚至會有通勤返家的乘客在購票機前大排長龍。

浪漫特快
MSE（60000型）

MSE（Multi Super Express）是做為商務特急或觀光特急運行。意味著「可多方位運行的特急列車」，是地下鐵首度導入指定席的特急。與東京Metro千代田線互相串聯，於北千住站至本厚木站之間做為商務特急行駛，假日則化身為連結北千住站至箱根湯本站的觀光列車。又稱為「藍色浪漫特快」

浪漫特快
VSE（50000型）

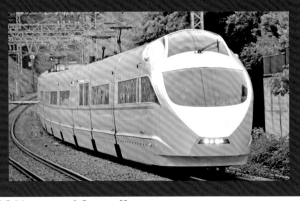

所謂的VSE（Vault Super Express）意指擁有圓頂型天花板的特急。備有小田急電鐵傳統的展望席，使用列車與列車之間有轉向架的連結車。於白底車體上加1條橙色線為其辨識標記。

箱根登山鐵道

- OH57 強羅 こうら
- OH56 彫刻の森 ちょうこくのもり
- OH55 小涌谷 こわきだに
- OH54 宮ノ下 みやのした
- OH53 大平台 おおひらだい
- OH52 塔ノ沢 とうのさわ
- OH51 箱根湯本 はこねゆもと
- OH50 入生田 いりうだ
- OH49 風祭 かざまつり
- OH48 箱根板橋 はこねいたばし

小田急多摩線

多摩都市モノレール 多摩センター駅
京王相模原線 京王多摩センター駅
京王相模原線 京王永山駅

- OT01 唐木田 からきだ
- OT06 多摩センター たまセンター
- OT05 小田急多摩センター おだきゅうたまセンター
- OT04 はるひ野 はるひの
- OT03 黑川 くろかわ
- OT02 栗平 くりひら
- OT01 五月台 さつきだい

小田急小田原線

- OH47 小田原 おだわら
- OH46 足柄 あしがら
- OH45 螢田 ほたるだ
- OH44 富水 とみず
- OH43 栢山 かやま
- OH42 開成 かいせい
- OH41 新松田 しんまつだ
- OH40 渋沢 しぶさわ
- OH39 秦野 はだの
- OH38 東海大学前 とうかいだいがくまえ
- OH37 鶴巻温泉 つるまきおんせん
- OH36 伊勢原 いせはら
- OH35 愛甲石田 あいこういしだ
- OH34 本厚木 ほんあつぎ
- OH33 厚木 あつぎ
- OH32 海老名 えびな
- OH31 座間 ざま
- OH30 相武台前 そうぶだいまえ
- OH29 小田急相模原 おだきゅうさがみはら
- OH28 相模大野 さがみおおの
- OH27 町田 まちだ
- OH26 玉川学園前 たまがわがくえんまえ
- OH25 鶴川 つるかわ
- OH24 柿生 かきお
- OH23 新百合ヶ丘 しんゆりがおか
- OH22 百合ヶ丘 ゆりがおか
- OH21 読売ランド前 よみうりランドまえ

JR東海道新幹線 とうかいどうしんかんせん
JR東海道本線 とうかいどうほんせん
伊豆箱根鐵道大雄山線 いずはこねてつだいゆうざんせん
JR御殿場線 松田駅 ごてんばせん まつだえき
JR相模線 さがみせん
相鐵本線 そうてつほんせん
JR横浜線 よこはません

小田急江之島線

- OE01 東林間 ひがしりんかん
- OE02 中央林間 ちゅうおうりんかん
- OE03 南林間 みなみりんかん
- OE04 鶴間 つるま
- OE05 大和 やまと
- OE06 桜ヶ丘 さくらがおか
- OE07 高座渋谷 こうざしぶや
- OE08 長後 ちょうご
- OE09 湘南台 しょうなんだい
- OE10 六會日大前 むつあいにちだいまえ
- OE11 善行 ぜんぎょう
- OE12 藤沢本町 ふじさわほんまち
- OE13 藤沢 ふじさわ
- OE14 本鵠沼 ほんくげぬま
- OE15 鵠沼海岸 くげぬまかいがん
- OE16 片瀬江ノ島 かたせえのしま

東急田園都市線 とうきゅうでんえんとしせん
相鐵本線 そうてつほんせん
相鐵いずみ野線 そうてついずみのせん
横浜市營地下鐵ブルーライ
江ノ島電鐵 えのしまでんてつ
JR東海道本線 とうかいどうほんせん

小田急小田原線不僅便於通勤至市中心，途中還有小田原與箱根等許多觀光地，因此也很常用於小旅行。

於2018年完成「複線」後運輸力提升，紓解了擁擠人潮並縮短時間。在這之前，狛江、祖師谷大藏、千歲船橋站只有各站停車的列車才會停靠，現在準急也會停靠，此外，快速急行也有停靠登戶站。

於東京都與神奈川縣擁有鐵道網的私鐵，以特急浪漫特快馳名。含括小田原線（新宿站～小田原站）、江之島線（相模大野站～片瀨江之島站）與多摩線（新百合丘站～唐木田站）。從代代木上原站與東京Metro千代田線互相串聯行駛。

浪漫特快 EXEα（30000型）

這輛新型列車將「EXE」的外部裝潢設計徹底改頭換面，設置了舒適的客室與大型的收納空間，節能化並加上隔音設備等，已完成全面性翻新。

浪漫特快 EXE（30000型）

「Excellent Express」是優雅的特急之意。雖然沒有展望席，卻成了觀光與通勤都能悠哉搭乘的特急。

OH 小田急小田原線　OT 多摩線　OE 江之島線

① 4000型　② 3000型　③ 2000型
④ 1000型　⑤ 8000型　⑥ 小田急1000型，運用於箱根登山鐵道的小田原站～箱根湯本站

沿線上有很多雨天也能遊玩的設施。「夢幻兒童遊樂場海老名店」位於海老名站附近，在店裡可利用各種氣墊型遊樂器材盡情地活動身體。附近還有以「食遊」為主題的「NAMCO・Aso MIX LaLaport海老名店」。

小田急小田原線

JR南武線												京王井の頭線			京王線 京王新宿線		東京地下鉄新宿線都營地下鐵大江戸線		東京メトロ丸ノ内線	
OH18 登戸	OH17 和泉多摩川	OH16 狛江	OH15 喜多見	OH14 成城学園前	OH13 祖師ヶ谷大蔵	OH12 千歳船橋	OH11 経堂	OH10 豪徳寺	OH09 梅ヶ丘	OH08 世田谷代田	OH07 下北沢	OH06 東北沢	OH05 代々木上原	OH04 代々木八幡	OH03 参宮橋	OH02 南新宿	OH01 新宿

東京メトロ千代田線　JR中央・總武線各駅停車　JR山手線　JR湘南新宿ライン
JR中央線快速　JR埼京線

東急電鐵

TY 東橫線 連結東京與橫濱，為東急電鐵的主力路線，透過港未來線從橫濱站直通運行至元町・中華街站。

長久以來被暱稱為「東京急行」，自2006年起改名為「東急電鐵」。沿線以澀谷、川崎與橫濱的大都市為中心，積極展開再開發計畫，因而成為備受矚目的路線。澀谷站周邊正在進行大改造。居民不斷增加中，南町田站周邊預計推動再開發案以利日後發展成都市，川崎市與東急電鐵正在推動車站中心的社區總體營造。池上站預計要建設車站大樓，橫濱站西口也正在進行大規模的再開發工程。

❶ 5050系4000番台10節車廂編制
　　做為澀谷HIKARIE開業1週年紀念特別列車「Shibuya Hikarie號」運行。
❷ 5050系4000番台
　　為了因應與東京Metro副都心線、有樂町線、東武東上線與西武池袋線直通運轉而設計成10節車廂編制。
❸ 5050系　專為東橫線打造的5000系。
❹ 5000系　運用於東橫線與目黑線（18、19、21、22節車廂編制）。
　　照片為東橫線90週年紀念的彩繪電車（青蛙綠）。

MM 港未來線 橫濱～元町・中華街站之間的路線。

❺ Y500系　橫濱高速鐵道的列車，直通運轉至東橫線與港未來線。

港未來線　　　　　　　　　　　　　東橫線

JR根岸線	相鉄本線	JR橫浜線	グリーンライン	東急大井町線	京王井の頭線	東京メトロ副都心線

| MM06 元町・中華街 | MM05 日本大通り | MM04 馬車道 | MM03 みなとみらい | MM02 新高島 | MM01 橫浜 TY21 | TY20 反町 | TY19 東白楽 | TY18 白楽 | TY17 妙蓮寺 | TY16 菊名 | TY15 大倉山 | TY14 綱島 | TY13 日吉 | TY12 元住吉 | TY11 武蔵小杉 | TY10 新丸子 | TY09 多摩川 | TY08 田園調布 | TY07 自由が丘 | TY06 都立大学 | TY05 學藝大學 | TY04 祐天寺 | TY03 中目黑 | TY02 代官山 | TY01 渋谷 |

ブルーライン　　　　　　　　　　　　　直通相鉄　　　　　　東急多摩川線　東急目黑線　　東京メトロ日比谷線　JR山手線　JR湘南新宿ライン

京急本線　JR京浜東北線 東海道本線 横須賀線 湘南新宿ライン　JR横須賀線 湘南新宿ライン　　　　東急田園都市線　　　　JR埼京線

於東京都與神奈川縣擁有鐵道網的私鐵，以暱稱「東急」為人所知。東橫線與東京Metro副都心線、橫濱港未來線，目黑線與東京Metro南北線、都營三田線，田園都市線則與東京Metro半藏門線分別互相串聯行駛。

DT 田園都市線　此路線從澀谷站通往位於神奈川縣中部的中央林間站，長31.5km，與東京Metro半藏門線互相串聯運行。

KD 兒童王國線　長津田～兒童王國站的路線。

❶ 2020系　與東武伊勢崎線（東武晴空塔線）互相串聯。
❷ 5000系　為節能與無障礙化設計的列車。

電車巴士博物館

除了展示東急電鐵的電車與巴士外，重現橫濱「港未來」的立體透視模型也很壯觀。在陪樂兒（Plarail）樂園中則可利用電車與軌道的模型自由玩樂。

開館時間：10:00～16:30（最終入館至16:00）
休 館 日：週四（遇國定假日則隔天休）
　　　　　新年期間（12月29日～1月3日）
入館費用：大人（高中生以上）200日圓，3歲以上～國中生100日圓
地　　址：神奈川県川崎市宮前区宮崎2-10-12
電話號碼：044-861-6787
交　　通：東急田園都市線宮崎台站直通

❸ 8500系　此列車長久以來可謂東急的「門面」，與東京Metro半藏門線互相串聯。有可能隨著新型列車的登場而引退。
❹ 8500系的藍腰帶列車。
❺ YO系　2節車廂編制，暱稱為「乳牛電車」。

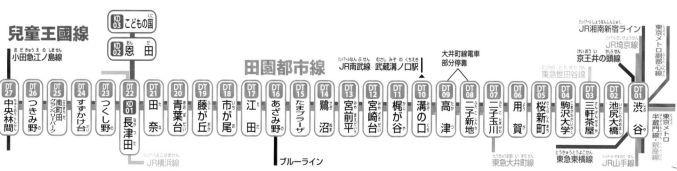

MG **目黑線** 經由都營地下鐵三田線與西高島平站互相串聯，或經由東京Metro南北線・埼玉高速鐵道線與浦和美園站互相串聯。

❶ 5080系 ❷ 3000系

OM **大井町線** 平日夜間有部分通往長津田的急行列車，還有收費的座席指定服務「Q-seat」。

❶ 6020系 ❷ 6000系 ❸ 9020系 ❹ 9000系 ❺ 8500系

IK **池上線**・ **TM** **多摩川線** 池上線是從五反田站通往蒲田站的路線，多摩川線則是從蒲田站通往多摩川站的路線。

❶ 7000系 ❷ 1000系

世田谷線

- SG10 下高井戸 (しもたかいど)
- 京王線
- SG09 松原 (まつばら)
- SG08 山下 (やました) ── 小田急小田原線 豪徳寺駅 直通長津田
- SG07 宮の坂 (みやのさか)
- SG06 上町 (かみまち)
- SG05 世田谷 (せたがや)
- SG04 松陰神社前 (しょういんじんじゃまえ)
- SG03 若林 (わかばやし)
- SG02 西太子堂 (にしたいしどう)
- SG01 三軒茶屋 (さんげんぢゃや)
- 東急田園都市線

「鍾情電車（きになる電車）」透過翻新化為木造風

將池上線的戶越銀座站・旗之台站翻新成使用多摩木材打造而成的「木造車站」，此為地球暖化對策的一環。此外，將車內設計成木造風的「鍾情電車」也開始行駛於池上線與多摩川線。配合沿線進行觀光導覽，並精神抖擻地奔馳著。

已完成木材翻新工程的『戶越銀座站』

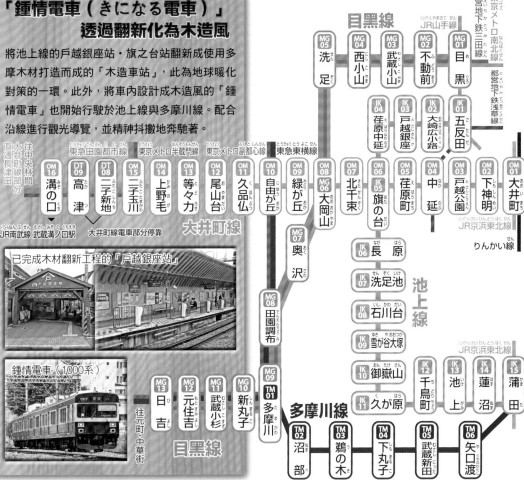

鍾情電車（1000系）

大井町線

往中央林間部分直通長津田
東急田園都市線
東京メトロ半蔵門線
東京メトロ副都心線
東急東横線

- OM16 溝の口 (みぞのくち)
- DT09 高津 (たかつ)
- DT08 二子新地 (ふたこしんち)
- OM15 二子玉川 (ふたこたまがわ)
- OM14 上野毛 (かみのげ)
- OM13 等々力 (とどろき)
- OM12 尾山台 (おやまだい)
- OM11 久品仏 (くほんぶつ)
- OM10 自由が丘 (じゆうがおか)
- OM09 緑が丘 (みどりがおか)
- OM08 大岡山 (おおおかやま)
- OM07 北千束 (きたせんぞく)
- OM06 荏原町 (えばらまち)
- OM05 中延 (なかのぶ)
- OM04 中延 (なかのぶ)
- OM03 戸越公園 (とごしこうえん)
- OM02 下神明 (しもしんめい)
- OM01 大井町 (おおいまち)

JR南武線 武蔵溝ノ口駅
大井町線電車部分停靠

目黒線

- MG05 洗足 (せんぞく)
- MG04 西小山 (にしこやま)
- MG03 武蔵小山 (むさしこやま)
- MG02 不動前 (ふどうまえ)
- MG01 目黒 (めぐろ)

分(ラーラ)山手線 JR山手線
東京メトロ南北線
都營地下鉄三田線
都營地下鉄浅草線

- IK04 荏原中延 (えばらなかのぶ)
- IK03 戸越銀座 (とごしぎんざ)
- IK02 大崎広小路 (おおさきひろこうじ)
- IK01 五反田 (ごたんだ)

JR京浜東北線
りんかい線

池上線

- MG06 旗の台 (はたのだい)
- IK05 旗の台 (はたのだい)
- IK06 長原 (ながはら)
- IK07 洗足池 (せんぞくいけ)
- IK08 石川台 (いしかわだい)
- IK09 雪が谷大塚 (ゆきがやおおつか)
- IK10 御嶽山 (おんたけさん)
- IK11 久が原 (くがはら)
- IK12 千鳥町 (ちどりちょう)
- IK13 池上 (いけがみ)
- IK14 蓮沼 (はすぬま)
- IK15 蒲田 (かまた)

JR京浜東北線

- MG08 田園調布 (でんえんちょうふ)
- MG09 新丸子 (しんまるこ)
- TM01 多摩川 (たまがわ)
- MG07 奥沢 (おくさわ)

往元町・中華街
- MG13 日吉 (ひよし)
- MG12 元住吉 (もとすみよし)
- MG11 武蔵小杉 (むさしこすぎ)
- MG10 新丸子 (しんまるこ)

目黑線

多摩川線

- TM02 沼部 (ぬまべ)
- TM03 鵜の木 (うのき)
- TM04 下丸子 (しもまるこ)
- TM05 武蔵新田 (むさしにった)
- TM06 矢口渡 (やぐちのわたし)

300系
① 阿爾卑斯山綠（玉川線代表色）
② 晨間藍
③ 古典藍
④ 蘋果綠
⑤ 櫻桃紅
⑥ 浮雕黃
⑦ 藍紫色
⑧ 陽光紅
⑨ 焦橙色
⑩ 松石綠

KK 京濱急行本線 此路線從泉岳寺站至橫須賀市浦賀站之間，56.7km的長度以最高時速120km連結，成為京急電鐵的主力。

❶ 2100型，還運用於「翼號」與「早晨翼號」　❷ 2100型（KEIKYU BLUE SKY TRAIN）　❸ 新1000型（貫通型不鏽鋼列車）
❹ 新1000型不鏽鋼列車1200番台　❺ 新1000型不鏽鋼列車1800番台　❻ 新1000型鋁製列車
❼ 新1000型鋁製列車（KEIKYU YELLOW HAPPY TRAIN）　❽ 600型　❾ 600型（KEIKYU BLUE SKY TRAIN）

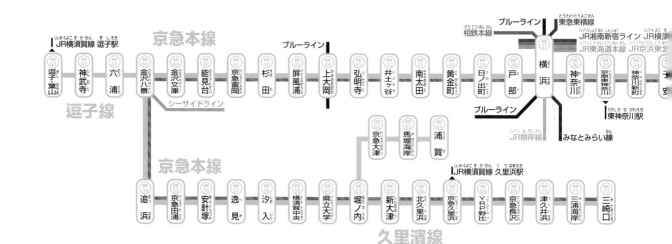

於東京都與神奈川縣擁有鐵道網的私鐵，以暱稱「京急」為人所知。含括本線（泉岳寺站～浦賀站）、機場線（京急蒲田站～羽田機場第1‧第2航廈站）、大師線（京急川崎站～小島新田站）、逗子線（金澤八景站～新逗子站）與久里濱線（堀之內站～三崎口站）等各條路線。從泉岳寺站與都營淺草線互相串聯行駛。

⑩ 1500型（VVVF控制車）
⑪ 1500型（界磁斬波器控制車）

(KK) 機場線　從京急蒲田站連結至羽田機場第1‧第2航廈站，與都營地下鐵淺草線‧京成電鐵互相串聯。

❶ 2100型　❷ 2100型（KEIKYU BLUE SKY TRAIN）　❸ 新1000型（貫通型不鏽鋼列車）
❹ 新1000型不鏽鋼列車1200番台　❺ 新1000型不鏽鋼列車1800番台　❻ 新1000型鋁製列車

京急電鐵的列車為何是紅色的？

有一說認為是受到美國太平洋電鐵（於1961年廢止路線並停業）的影響。鐵道公司大多會採用代表色，比如西武線是使用黃色，因此選定紅色做為京急電鐵的企業形象色。雖然1000型的車體是耐腐蝕的不鏽鋼製，卻全面塗裝成紅色，強化「京急電鐵的列車顏色是紅色」的印象。

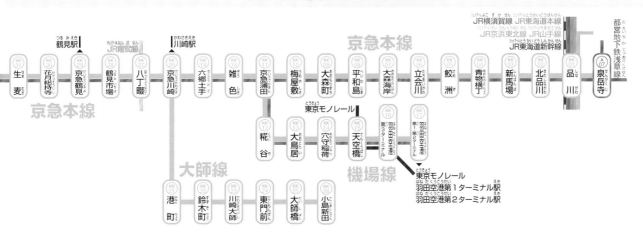

⑦ 新1000型鋁製列車（KEIKYU YELLOW HAPPY TRAIN） ⑧ 600型 ⑨ 600型（KEIKYU BLUE SKY TRAIN）

KK **逗子線** KK **久里濱線** 逗子線是金澤八景～新逗子站之間的短程路線，久里濱線則是堀之內～三崎口站之間的路線。

逗子線・久里濱線
① 2100型
② 2100型（KEIKYU BLUE SKY TRAIN）
③ 新1000型（貫通型不鏽鋼列車）
④ 新1000型不鏽鋼列車1200番台
⑤ 新1000型不鏽鋼列車1800番台
⑥ 新1000型鋁製列車
⑦ 新1000型
（鋁製列車，KEIKYU YELLOW HAPPY TRAIN）
⑧ 600型
⑨ 600型（KEIKYU BLUE SKY TRAIN）
⑩ 1500型（VVVF控制車）

KK **大師線** 以前是前往川崎大師的參拜路線，最近也成了通勤與通學的路線。

大師線
⑪ 1500型（鋁製列車）
⑫ 1500型（鋁製列車）
⑬ 600型

以橫濱為起點，於神奈川縣擁有鐵道網的私鐵，以暱稱「相鐵」為人所知。是唯一一家在東京都未擁有路線的關東大型私鐵。

相模鐵道

SO 相鐵本線・泉野線

相鐵本線是連結橫濱站與海老名站的路線，泉野線則是行駛於途中的二俣川～湘南台站之間。

❶ 專為JR直通用而開發的12000系　❷ 專為東急線直通用而開發的20000系　❸ 11000系

❹ 10000系　❺ 9000系（翻新車）　❻ 9000系

❼ 8000系　❽ 新7000系　❾ 7000系

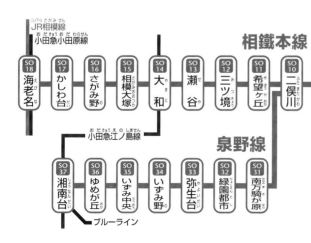

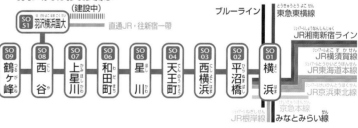

相模鐵道的新路線

相模鐵道開通了2條新路線。由相模鐵道與JR東日本共用，從西谷經由新站羽澤橫濱國大站通往新宿一帶的「相鐵新橫濱線」已經開通。另一條是與東急電鐵共用，從西谷站行經新站新橫濱站（暫稱）通往日吉站區間的「東急新橫濱線」。相模鐵道便是藉由這條新線直通連結至新宿、澀谷與目黑一帶。

上信電鐵　上毛電氣鐵道

上信電鐵
於連結群馬縣高崎站與下仁田站的上信線上運行。沿線有世界遺產的富岡製線廠與群馬野生動物園。

❶ 150型　❷ 200型　❸ 250型　❹ 500型　❺ 700型（原為JR東日本107系）　❻ 1000型　❼ 6000型　❽ 7000型

上信電鐵線

下仁田　千平　南蛇井　神農原　卨一宮　上州七日市　西富岡　上州富岡　東富岡　上州福島　上州新屋　西吉井　吉井　馬庭　西山名　山名　高崎商科大學前　根小屋　佐野のわたし　南高崎　高崎

JR上越線
JR北陸・上越新幹線
JR信越本線
JR高崎線

上毛電氣鐵道
通往中央前橋站與西桐生站，行駛於赤城山山麓的地方交通線，要健行時也能利用。

❶ 700型1號車（峽灣綠）　❷ 700型2號車（皇室藍）　❸ 700型3號車（鳳凰紅）　❹ 700型4號車（陽光黃）

❺ 700型5號車（寶石粉）　❻ 700型6號車（粉藍）　❼ 700型7號車（薄荷綠）　❽ 700型8號車（黃金橙）

上毛電氣鐵道線

中央前橋　城東　三俣　片貝　上泉　赤坂　センター前（心臟血管中心）　江木　大胡　樋越　北原　新屋　粕川　膳　新里　新川　東新川　赤城　桐生球場前　天王宿　富士山下　丸山下　西桐生

東武桐生線

渡良瀨溪谷鐵道 常陸那珂海濱鐵道 鹿島臨海鐵道

ⓌⓀ 渡良瀨溪谷鐵道
此路線是承接JR足尾線，沿著溪谷奔馳，從桐生站通往間藤站。也有觀光小火車行駛。

❶ WA89-310型
❷ WKT-500型
❸ WKT-510型
❹ WA99型客車

渡良瀨溪谷鐵道

WK 17 間藤	WK 09 花輪
WK 16 足尾	WK 08 水沼
WK 15 通洞	WK 07 本宿
WK 14 原向	WK 06 上神梅
WK 13 沢入	WK 05 大間々
WK 12 神戸	WK 04 運動公園
WK 11 小中	WK 03 相老
WK 10 中野	WK 02 下新田
	WK 01 桐生

東武桐生線／JR兩毛線

常陸那珂海濱鐵道
於連結茨城縣勝田站與阿字浦站的湊線上運行。計畫將來會延伸至國營常陸海濱公園一帶。

❶ KIHA11型 ❷ KIHA3710 ❸ MIKI300 ❹ MIKI300 ROCK號 ❺ KIHA205

JR水郡線／JR常磐線

水戸	勝田
東水戸	日工前
常澄	金上
大洗	中根
涸沼	高田の鉄橋
鹿島旭	那珂湊
徳宿	殿山
新鉾田	平磯
北浦湖畔	磯崎
大洋	阿字ヶ浦

鹿島臨海鐵道線 ／ 常陸那珂海濱鐵道線

鹿島臨海鐵道
於連結茨城縣水戸站與鹿島足球場站的大洗鹿島線上運行。

❶ 6000型 ❷ 8000型

鹿島灘
鹿島大野
長者ヶ浜潮騒はまなす公園前
荒野台
鹿島サッカースタジアム（臨時站）
鹿島神宮
JR鹿島線

真岡鐵道　關東鐵道

真岡鐵道

❶

❷

❸

❹

連結栃木縣的茂木站與茨城縣的下館站。有蒸汽機關車「SL真岡號」行駛。真岡站的車站有著獨特的SL外型。

❶ 真岡14型
❷ ❸ C12 SL真岡號
❹ 真岡站

真岡鐵道線

茂木（もてぎ）
天矢場（てんやば）
笹原田（ささはらだ）
市塙（いちはな）
多田羅（たたら）
七井（なない）
益子（ましこ）
北山（きたやま）
西田井（にしだい）
北真岡（きたもおか）
真岡（もおか）
寺內（てらうち）
久下田（くげた）
ひぐち
折本（おりもと）
下館二高前（しもだてにこうまえ）

JR水戸線（みと）

關東鐵道常總線　行駛於筑波山山麓，是一條閒適恬靜的地方交通線。

在茨城縣內有常總線與龍崎線2條路線運行。全線為非電氣化鐵路，常總線的取手站～水海道站之間為複線。

KIHA2200型

KIHA2300型

KIHA5010型

KIHA5020型

關東鐵道龍崎線　通往龍崎市的中心地區，是條短程的路線。

KIHA532型

KIHA2000型

關東鐵道龍崎線

JR常磐線（じょうばんせん）

佐貫（さぬき）
入地（いれじ）
竜ケ崎（りゅうがさき）
藤代（ふじしろ）
取手（とりで）

關東鐵道常總線

下館（しもだて）
大田郷（おおたごう）
黒子（くろご）
騰波ノ江（とばのえ）
大宝（だいほう）
下妻（しもづま）
宗道（そうどう）
玉村（たまむら）
石下（いしげ）
南石下（みなみいしげ）
三妻（みつま）
中妻（なかつま）
北水海道（きたみつかいどう）
水海道（みつかいどう）
小絹（こきぬ）
新守谷（しんもりや）
守谷（もりや）
南守谷（みなみもりや）
戸頭（とがしら）
稲戸井（いなとい）
ゆめみ野（ゆめみの）
新取手（しんとりで）
寺原（てらはら）
西取手（にしとりで）
取手（とりで）

つくばエクスプレス

JR常磐線各駅停車（じょうばんせんかくえきていしゃ）
JR常磐線快速（じょうばんせんかいそく）

連結埼玉縣的羽生站與三峰口站。有蒸汽機關車牽引的「PALEO EXPRESS」行駛而遠近馳名。

PALEO EXPRESS

PALEO EXPRESS以週六與假日為主,運行於秩父本線熊谷站~三峰口站之間,為蒸汽機關車牽引的列車。秩父鐵道的剪票口與車站充滿復古氛圍,瀰漫著昭和的氣氛。正丸隧道位於正丸站至蘆久保站之間,其上方即正丸峠,已成為健行路線。

此路線穿行於溪谷之間,可從車窗眺望荒川而備受歡迎。

C58型＋12系客車

❶ 7800系(原為東急8090系)　❷ 7500系(原為東急8090系)
❸ 7000系(原為東急8500系)　❹ 6000系(原為西武新101系)　❺ 5000系(原為都營6000系)

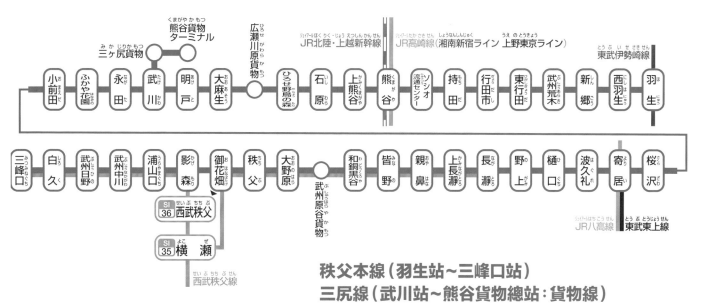

秩父本線(羽生站~三峰口站)
三尻線(武川站~熊谷貨物總站:貨物線)

銚子電氣鐵道　流鐵　山萬

CD 銚子電氣鐵道
通過關東地區最東端的犬吠埼附近，連結千葉縣的銚子站～外川站。除了鐵道外，「銚電的濕仙貝」也很有名。

❶ 3000型（原為伊予鐵道700系）　❷ ❸ 2000型（原為京王電鐵2010系）

銚子電氣鐵道線

JR總武本線 — CD01 銚子 — CD02 仲ノ町 — CD03 観音 — CD04 本銚子 — CD05 笠上黒生 — CD06 西海鹿島 — CD07 海鹿島 — CD08 君ヶ浜 — CD09 犬吠 — CD10 外川

RN 流鐵
連結流山站與JR常磐線馬橋站的路線。流山為東京近郊的城郊住宅區，因此常用於通勤與通學。

流鐵流山線

RN6 流山 — RN5 平和台 — RN4 鰭ヶ崎 — RN3 小金城趾 — RN2 幸谷 — RN1 馬橋 — JR常磐線各駅停車

5000型（原為西武101系）　❶ 櫻花號　❷ 流星號　❸ 赤城號　❹ 若葉號　❺ 油菜花號

山萬　有加利丘線
此路線是採用AGT系統，即小型列車以橡膠輪胎自動運行於專用軌道上，為逆時針方向的環狀線。

 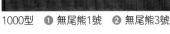 

中学校 — 井野 — 女子大 — 公園 — 地区センター — KS33 ユーカリが丘 — 京成本線　有加利丘線

1000型　❶ 無尾熊1號　❷ 無尾熊3號

小湊鐵道　夷隅鐵道

小湊鐵道　連結千葉縣的五井站與上總中野站。SL型柴油機關車牽引的觀光列車「里山小火車」備受喜愛。

❶ KIHA200型　❷ 里山小火車 DB4型柴油機關車與客車（HATE102、KUHA101）

夷隅鐵道　連結千葉縣的大原站與上總中野站。一度面臨廢止的危機，但在社長發起公募等特殊手段的努力下決定予以保留。

❶ 夷隅200'型　❷ 夷隅300型　❸ 夷隅350型　❹ KIHA52　❺ KIHA28　❻ KIHA20

小湊鐵道線

JR內房線

五井 — 上總村上 — 海士有木 — 上總三又 — 上總山田 — 光風台 — 馬立 — 上總牛久 — 上總川間 — 上總鶴舞 — 上總久保 — 高滝 — 里見 — 飯給 — 月崎 — 上總大久保 — 養老渓谷 — 上總中野

西畑 — 総元 — 久我原 — 東総元 — 小谷松 — 大多喜 — 城見ヶ丘 — 上總中川 — 國吉 — 新田野 — 上總東 — 西大原 — 大原

JR外房線

夷隅鐵道夷隅線

筑波特快
（首都圈新都市鐵道）

連結東京都的秋葉原站與茨城縣的筑波站。未設置任何平交道，能以時速130km的高速行駛。

❶ 預計於2020年導入的TX-3000系

❷ TX-2000系（增備車）

❸ TX-2000系

❹ TX-1000系

「筑波特快」的沿線上有座日本百名山之一的「筑波山」。不僅限於登山，還可來此漫遊神社或山麓等，為隨時可走訪的山峰而頗受歡迎，最近還成為能量景點而備受矚目。

位於「柏之葉校園站」附近的千葉縣立柏之葉公園內設置有燒烤區，可攜家帶眷來此同歡。

「筑波站」附近約有300家研究設施。若要巡遊可隨興走走的「筑波宇宙中心」、「地圖與測量科學館」或「筑波博覽中心」等設施與研究機關，搭乘「筑波科學巴士」很方便。

「筑波山車票（筑波山きっぷ）」
暢遊筑波山最適合的車票。可從山頂上盡覽關東平原的景色、於山麓綻放的繁花等，可盡情遊賞筑波山。

「筑波山套票（筑波山あるキップ）」
可搭乘筑波特快與巴士，只要出示車票即可享有伴手禮或用餐折扣等優惠。

「筑波山車票」與「筑波山套票」皆為含發售日在內的2天內有效。

筑波特快

- 20 つくば
- 19 研究学園（けんきゅうがくえん）
- 18 万博記念公園（ばんぱくきねんこうえん）
- 17 みどりの
- 16 みらい平（たいら）
- 15 守谷（もりや）
- 14 柏たなか（かしわ）
- 13 柏の葉キャンパス（かしわのは）
- 12 流山おおたかの森（ながれやまもり）
- 11 流山セントラルパーク（ながれやま）
- 10 南流山（みなみながれやま）
- 09 三郷中央（みさとちゅうおう）
- 08 八潮（やしお）
- 07 六町（ろくちょう）
- 06 青井（あおい）
- 05 北千住（きたせんじゅ）
- 04 南千住（みなみせんじゅ）
- 03 浅草（あさくさ）
- 02 新御徒町（しんおかちまち）
- 01 秋葉原（あきはばら）

關東鐵道常總線（かんとうてつどうじょうそうせん）
東武野田線（東武アーバンパークライン）（とうぶのだせん）
JR武藏野線（むさしのせん）
東武伊勢崎線（東武スカイツリーライン）（とうぶいせさきせん）
JR常磐線各駅停車（じょうばんせん）
JR常磐線快速
JR常磐線（じょうばんせん）
東京メトロ千代田線（とうきょうメトロちよだせん）
都營地下鐵大江戶線（おおえどせん）
東京メトロ日比谷線（ひびやせん）
JR中央總武緩行線（各駅停車）（ちゅうおうそうぶ）
JR山手線（やまのてせん）
JR京浜東北線（けいひんとうほくせん）

連結神奈川縣的小田原站與強羅站。有段日本普通鐵道中坡道最陡的區間，可謂名符其實的登山電車。

❶ 3100型　❷ 3000型　❸ 2000型　❹ 1000型　❺ MOHA1型

從小田原站開始攀登舉世聞名的觀光地「箱根」的山路，連結至強羅站，是一年到頭觀光客絡繹不絕的路線。小田急的浪漫特快與箱根湯本互相串聯。可以享受四季各異且引人入勝的箱根自然景觀，尤以初夏時分沿線爭相怒放的繡球花更是分外迷人，入夜後點燈的特別列車「夜間繡球花號」不僅日本人喜愛，也大受外國觀光客青睞。

以之字形折返式鐵道攀登箱根

① 電車從山腳爬升至此
② 於折返點改變方向……
③ 繼續往上爬升

箱根登山鐵道是從箱根湯本站通往強羅站的區間，必須攀登高達445m的箱根山路。為了爬升到這個高度而採用之字形折返的方式。如左圖所示，先行駛至平坦處，於道岔點改變方向後，再繼續向上爬升。全世界也有好幾輛登山電車引進這種在狹窄山間有效率地攀爬陡坡的方式。

箱根登山鐵道線

- OH57 強羅 こう ら
- OH56 彫刻の森 ちょうこく もり
- OH55 小涌谷 こ わき だに
- OH54 宮ノ下 みや の した
- OH53 大平台 おお ひら だい
- OH52 塔ノ沢 とう の さわ
- OH51 箱根湯本 はこね ゆもと
- OH50 入生田 いり う だ
- OH49 風祭 かざ まつり
- OH48 箱根板橋 はこ ないたばし
- OH47 小田原 お だ わら

箱根湯本～小田原的區間內有小田急的列車運行

小田急小田原線 おだきゅうおだわらせん

JR東海道新幹線 とうかいどうしんかんせん

JR東海道本線 とうかいどうほんせん

伊豆箱根鐵道大雄山線 いず はこ ね てつどうだいゆうざんせん

伊豆箱根鐵道　伊豆急行

大雄山線是行駛於神奈川縣內的小田原站～大雄山站之間，駿豆線則奔馳於靜岡縣的三島站～修善寺站之間，原本隸屬別家公司，所以列車的長度有所不同。大雄山線曾是最乘寺的參拜鐵道，如今做為小田原近郊的通勤與通學路線發揮作用。駿豆線是通往伊豆半島屈指可數的溫泉地「修善寺」的路線。

ID 大雄山線

❹ 5000系

大雄山線

- ID 12 大雄山
- ID 11 富士フィルム前
- ID 10 和田河原
- ID 09 塚原
- ID 08 岩原
- ID 07 相模沼田
- ID 06 飯田岡
- ID 05 穴部
- ID 04 五百羅漢
- ID 03 井細田　箱根登山鐵道
- ID 02 綠町　小田急小田原線／JR東海道新幹線／JR東海道本線
- ID 01 小田原　JR東海道新幹線／JR東海道本線

IS 駿豆線

駿豆線

- IS 01 三島　JR東海道新幹線／JR東海道本線
- IS 02 三島廣小路
- IS 03 三島田町
- IS 04 三島二日町
- IS 05 大場
- IS 06 伊豆仁田
- IS 07 原木
- IS 08 韮山
- IS 09 伊豆長岡
- IS 10 田京
- IS 11 大仁
- IS 12 牧之郷
- IS 13 修善寺

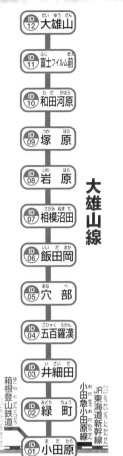

❶ 7000系

❷ 1300系（舊西武鐵道101系）

❸ 3000系

THE ROYAL EXPRESS　皇家特快號

2100系
原為Alpha Resort 21

8000系（原為東急8000系）

2100系（Resort 21黑船電車）

2100系（Resort 21KINME電車）

與伊豆急行互相串聯的其他鐵道公司之列車

JR185系（特急 踊子號）

JR251系（特急 超景踊子號）

JR651系（特急 伊豆CRAILE號）

伊豆急行線

- JT 21 熱海　JR東海道新幹線／JR東海道本線
- JT 22 來宮
- JT 23 伊豆多賀
- JT 24 網代
- JT 25 宇佐美
- JT 26 / IZ 01 伊東
- IZ 02 南伊東
- IZ 03 川奈
- IZ 04 富戶
- IZ 05 城ヶ崎海岸
- IZ 06 伊豆高原
- IZ 07 伊豆大川
- IZ 08 伊豆北川
- IZ 09 伊豆熱川
- IZ 10 片瀨白田
- IZ 11 伊豆稻取
- IZ 12 今井浜海岸
- IZ 13 河津
- IZ 14 稻梓
- IZ 15 蓮台寺
- IZ 16 伊豆急下田

伊東～伊豆急下田站的這條路線是從JR東海道新幹線與東海道本線所停靠的熱海站互相串聯至伊豆時不可或缺的路線。

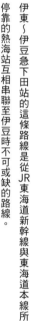

大月站與河口湖站之間的路線，據說是「離富士山最近的鐵道」。也有從新宿站直通的JR特急「富士回遊號」運行。

富士山景觀特急

欣賞著富士山的眺望景致，從大月站出發駛過標高差約500m的山路，可享受45分鐘左右的鐵道之旅。

8500系（原為JR371系）

富士山特急

車體上描繪了吉祥物，也很受小孩喜愛。原本是小田急浪漫特快的列車。

8000系（原為小田急20000型）

富士登山電車

最適合中途下車享受健行之樂的列車。

1200系（原為京王5000系）

1000系（原為京王5000系）

1

3

2

6000系（原為JR205系）　❶ 標準塗裝　❷ 馬特洪峰號　❸ 從JR串聯的特急「富士回遊號」（E353系）

江之島電鐵

江之島電鐵是從古都鎌倉通往湘南的藤澤、長10km且共15站的鐵道路線，以「江之電」之名為人所熟知。假日因觀光客而喧鬧不已，也會用於通勤與通學，是條貼近生活的路線。1902年開通了藤澤～片瀨（現在的江之島）站間，1910年全線開通，擁有將近120年的歷史。

❶ 500型　❷ 300型　❸ 1000型　❹ 2000型　❺ 10型　❻ 20型

江之電沿線有很多觀光地

鎌倉站有杉本寺與鶴岡八幡宮等歷史悠久的神社寺院，以及因觀光客而熱鬧滾滾的小町通，故成為鎌倉觀光的據點。海水浴的遊客則聚集於由比濱站。長谷站附近有間別名為繡球花寺且以長谷觀音為人所知的長谷寺，還有座高11.3m、總重121噸的鎌倉大佛（國寶）。以外景地馳名的極樂寺站則有間極樂寺，寶物館內擺設重要文化財的木造十大弟子立像等無數佛像。此外，出現在人氣動畫《灌籃高手（男兒當入樽）》中的鎌倉高校前站的平交道也成了知名景點。江之島站周邊不僅有江之島與新江之島水族館，還有被視為衝浪者聖地的片瀨海岸。

如此看來，江之電沿線有許多車站成為觀光的據點，不僅有來自日本國內的遊客，最近隨著社群網路平台的普及，還有大批國外的觀光客來訪，成為處處皆值得一看的路線。

江之島電鐵線

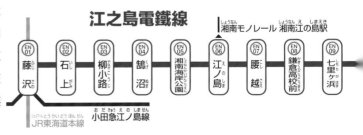

① 鎌倉站

鎌倉站有JR與江之島電鐵的車站，為鎌倉觀光之起點，有很多觀光客從此處出發前往小町通或鶴岡八幡宮。到了假日更是人山人海，都是從JR轉乘江之島電鐵前往長谷或江之島站等觀光地的人潮。

② 小町通

從鎌倉站通往鶴岡八幡宮的道路，兩旁約有250家以餐飲店為主的店鋪。走訪鎌倉的觀光客必會順道來此。咖啡廳與食堂都很充實，還有伴手禮店與雜貨店，好不熱鬧。

③ 鶴岡八幡宮

此神社祭祀著歷經約800年歷史的源氏氏神，猶如鎌倉之象徵，不光是新年參拜，一整年的參拜遊客更是源源不斷，已獲指定為國家史蹟。鮮豔的宮門是最值得一看之處。

④ 鎌倉大佛

「鎌倉大佛」是長谷高德院的本尊，為鎌倉最具代表性的名勝。相傳是於鎌倉時代中期的1243年建造。據說1495年大海嘯沖毀大佛後，才改成如今所見的坐姿大佛。為鎌倉佛像中唯一一件國寶。

⑤ 江之島海蠟燭

江之島的展望燈塔「江之島海蠟燭」，可從海拔101.5m的展望室中飽覽湘南的大海，還可遠眺伊豆半島與富士山。入夜後會點亮，浮現與白天截然不同的美麗身影。

⑥ 新江之島水族館

「新江之島水族館」以簡稱「江之水」為人所知，館內有棲息於相模灣的魚群匯集的「相模灣區」等，可觀賞形形色色的海中生物。大人小孩都能樂在其中的海豚表演是最受歡迎的娛樂節目。

江之電的併用軌道

七里濱站～鎌倉高校前站有條靠近路邊白線的路線。腰越站～江之島站則設了併用軌道[※]，鐵道列車奔馳於商店街的道路中央。除此之外，極樂寺站～稻村崎站之間、稻村崎站～七里濱站之間也同樣是併用軌道，可看到鐵路從住家門前經過的罕見風景。乍看之下很像路面電車，卻是行駛著鐵道列車的普通私鐵。

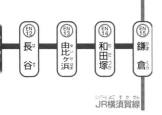

※併用軌道：設置於道路上的軌道。非設置於道路上的軌道則稱為專用軌道。

一起觀賞鐵道立體透視模型

所謂的立體透視模型,是指以人或物的迷你模型結合背景打造出某個場面的立體模型,世界上最早的立體透視模型是於1915年在英國的布洛克博物館(Bullock's Museum)首度亮相。其中又以鐵道立體透視模型最炙手可熱,整個空間封存了鐵道奔馳的街道,宛如一個小宇宙,令人百看不厭。

包含第50頁「鐵道博物館」中介紹到大宮的「鐵道博物館」等,許多博物館中可看到大型的立體透視模型,首都圈裡還有更多其他的鐵道立體透視模型。還可以驅動自己的電車,或是挑選立體透視模型中的電車體驗駕駛等,不過有些須收費。

埼玉縣大宮市鐵道博物館內的巨大鐵道立體透視模型

HARA Model Railway Museum
原鉄道模型博物館

原鐵道模型博物館

神奈川県横浜市西区高島1-1-2 橫濱三井大樓2樓
JR橫濱站徒步5分鐘,橫濱高速鐵道港未來線「新高島站」徒步2分鐘
開館時間:10:00~17:00(最終入館至16:30) 休館日:週二(遇國定假日則隔天營業日休)
入館費用:大人1000日圓,國中與高中生700日圓,小孩(4歲以上)500日圓 電話號碼:045-640-6699

展示著鐵道模型與立體透視模型,各個都打造得既壯觀又精緻。

館內有座2014年逝世的原 信太郎所打造並收藏、號稱世界第一大的龐大鐵道模型,還以鐵道相關收藏品加以裝飾。此館的鐵道模型之特點在於收藏品重現了世界各國的鐵道列車,而且是以鐵道從蒸汽機關車發展至電氣機關車的那個時代的日本、歐洲與美國為主,忠實重現真實的鐵道列車。

京王RAIL-LAND

鐵道立體透視模型重現了京王沿線的街道,可於實際的駕駛台上駕駛HO規的列車。可搭乘京王電鐵的迷你電車遊賞列車展示場的四周。

開館時間:9:30~17:30(入館至閉館前30分鐘)
休 館 日:週三(遇國定假日則隔天休)
　　　　　新年期間(12月29日~1月3日)
入館費用:300日圓(3歲以上)
地　　址:東京都日野市程久保3-36-39
電話號碼:042-593-3526
交　　通:京王線多摩動物公園站下車即達

注意:若要讓鐵道模型在鐵道立體透視模型中運轉,有些設施須收費。

青梅鐵道公園

此公園可觀賞蒸汽機關車等，設施內的紀念館中展示著HO規（1:80）的「鐵道展望全景」與精密的鐵道列車模型。

開園時間：10:00～17:30（3月～10月）、10:00～16:30（11月～2月）
　　　　　入園至閉園前30分鐘
休 園 日：週一（週一遇國定假日與補假則隔天休）
　　　　　新年期間（12月29日～1月2日）
入園費用：100日圓（國小生以上）
地　　址：東京都青梅市勝沼2-155
電話號碼：0428-22-4678
交　　通：JR青梅站下車徒步15分鐘（途中有陡坡）
　　　　　搭計程車約5分鐘（無巴士運行）

辻堂海濱公園

辻堂海濱公園是一座綜合公園，有巨大泳池、小型賽車與家庭單車等，能讓親子同樂的設施應有盡有。
公園內的「交通展示館」裡展示著大型的鐵道立體透視模型，還設置有真正的駕駛台，無須付費即可在此盡情體驗駕駛樂趣。

交通展示館
開館時間：9:00～17:00（入館至閉館前60分鐘）
休 館 日：週一（遇國定假日則隔天休）與新年期間
入館費用：20歲以上未滿65歲（學生及高中生除外）310日圓
　　　　　未滿20歲及學生（高中生除外）210日圓
　　　　　高中生與65歲以上100日圓，國中生以下免費
地　　址：神奈川県藤沢市辻堂西海岸3-2
電話號碼：0466-65-3743（交通公園管理辦公室）
交　　通：JR東海道本線辻堂站搭乘路線巴士10分鐘

壬生町玩具博物館

栃木縣壬生町是盛產玩具之地，甚至有個地名叫「玩具鎮」。
「壬生町玩具博物館」的別館中有「鐵道模型屋」，擁有北關東最大規模的立體透視模型。雖然要收費，卻可以帶著自己喜歡的N規或HO規火車模型入內奔馳。

開館時間：9:30～16:30
休 館 日：週一與新年期間（12月28日～1月2日），8月無休照常開館。
入館費用：大人600日圓，4歲至國中生300日圓
地　　址：栃木県下都賀郡壬生町国谷2300
電話號碼：0282-86-7111
交　　通：東武宇都宮線「玩具鎮站」或「國谷站」下車，搭計程車約5分鐘
　　　　　（徒步需30分鐘）

橫濱市電保存館

橫濱市電曾以暱稱「噹噹電車」為市民所熟悉。館內保存著市電列車等的當時樣貌。可以透過鐵道立體透視模型享受自行駕駛的樂趣（駕駛O規市電免費，駕駛地下鐵則須收費）。

開館時間：9:30～17:00（入館至閉館前30分鐘）
休 館 日：週一（遇國定假日則隔天休）與新年期間（12月29日～1月3日）
　　　　　※春假、暑假與寒假期間的週一照常開館
入館費用：大人（高中生以上）300日圓，3歲至國中生100日圓
地　　址：橫浜市磯子区滝頭3-1-53
電話號碼：045-754-8505
交　　通：橫濱市電營地下鐵藍線吉野町站・阪東橋站搭乘巴士約10分鐘，
　　　　　於「瀧頭」巴士站下車

SA 東京櫻花路面電車（都電荒川線）

1960年前後，東京裡有許多都電奔馳，然而隨著汽車的普及，都電被認為是造成交通堵塞的原因之一，於是循序漸進地推動廢線。如今唯一保留下來的都電便是荒川線，從學生街早稻田通往下町三之輪橋的12.2km區間內有30個停靠站，有著難以撼動的人氣，成了對當地居民而言相當方便的交通方式。

小型電車於鎮上穿梭奔馳，是相當可愛的電車，暱稱為東京櫻花路面電車。許多海外國家也重新認識到路面電車是對環境友善的交通工具。

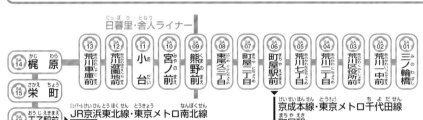

日暮里・舎人ライナー

| SA14 梶原 |
| SA15 栄町 |
| SA16 王子駅前　JR京浜東北線・東京メトロ南北線　王子駅 |
| SA17 飛鳥山 |
| SA18 滝野川一丁目 |
| SA19 西ヶ原四丁目 |
| SA20 新庚申塚　都営地下鉄三田線　西巣鴨駅 |
| SA21 庚申塚 |
| SA22 巣鴨新田 |
| SA23 大塚駅前　JR山手線　大塚駅 |
| SA24 向原 |
| SA25 東池袋四丁目　東京メトロ有楽町線　東池袋駅 |
| SA26 都電雑司ヶ谷　東京メトロ副都心線　雑司が谷駅 |
| SA27 鬼子母神前 |
| SA28 学習院下 |
| SA29 面影橋 |
| SA30 早稲田 |

SA13 荒川車庫前　SA12 荒川遊園地前　SA11 小台　SA10 宮ノ前　SA09 熊野前　SA08 東尾久三丁目　SA07 町屋二丁目　SA06 町屋駅前　SA05 荒川七丁目　SA04 荒川二丁目　SA03 荒川区役所前　SA02 荒川一中前　SA01 三ノ輪橋

京成本線・東京メトロ千代田線
町屋駅

東京櫻花路面電車（都電荒川線）

8900型

7700型

8500型

8800型（8801～05）玫瑰紅

8800型（8806～07）紫羅蘭

8800型（8808～09）橙色

8800型（8810）黃色

9000型

9000型

此路線是使用電腦進行自動駕駛的新交通系統，由東京都交通局所營運。從日暮里站到見沼代親水公園站為9.7km，串聯起13個站。以前東京Metro南北線與東武伊勢崎線（東武晴空塔線）・東武大師線之間沒有鐵道，是以巴士做為運輸工具，自從日暮里・舍人線完成後，通勤與通學變得方便許多。不過，足立小台站至日暮里站的區間早晚時段都擠得水洩不通。西日暮里站・日暮里站則皆與JR山手線・京濱東北線連結。

日暮里・舍人線

NT
13 見沼代親水公園
12 舍人
11 舍人公園
10 谷在家
09 西新井大師西
08 江北
07 高野
06 扇大橋
05 足立小台
04 熊野前
03 赤土小学校前
02 西日暮里
01 日暮里

東京さくらトラム
JR常磐線
JR常磐線快速
京成本線
JR山手線
JR京浜東北線
東京メトロ千代田線

❶ 320型　❷ 300型

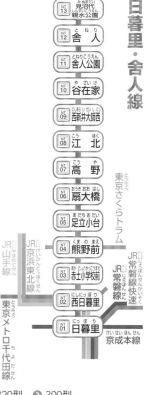

東京櫻花路面電車（都電荒川線）的沿線風景

◆大塚站前
都電大幅度轉彎往山手線大塚站下方前進的景象成了絕佳的攝影景點。
大塚站周邊已展開大規模的再開發計畫。

◆荒川車庫前
觀看都電進出車庫也是一種樂趣，不遠處還有「都電回憶廣場」，展示著舊列車，可以進入車內。

◆從飛鳥山通往王子站前
飛鳥山是自江戶時代以來的賞花名勝。除了櫻花外，杜鵑花與繡球花等綻放的季節也會有大批觀光客來訪。園內展示著都電與SL。從飛鳥山到王子站前為陡坡，可觀賞都電奔馳於此路線上最難行的路段之姿態。都電穿過京濱東北線下方後，轉彎處即為王子站前的停靠站。

◆三之輪橋回憶館
都電的導覽設施，位於終點的三之輪橋停靠站。也有販售乘車券與商品，展示著以昭和30年代（1955～1964年）為主題的立體透視模型及都電使用過的器材。可從人行道拍攝，拍照時請遵守交通規則並確認安全。

東京櫻花路面電車沿線上種植長達約4km、約13,000株玫瑰，於春秋迎來最佳賞花期。

MO 東京單軌電車　前往羽田機場有很多條路線可選，不過JR的乘客大多會搭乘東京單軌電車。

此路線是從單軌電車濱松町站通往羽田機場第2航廈站。單軌電車濱松町站與JR濱松町站相接，轉乘十分方便。車班較多時，每隔約4分鐘就有一班運行，除了普通車（各站停車），還有機場快速與區間快速。搭乘機場快速，花18分鐘即可從單軌電車濱松町站通往終點的羽田機場第2航廈站，已成為通往羽田機場的路線。

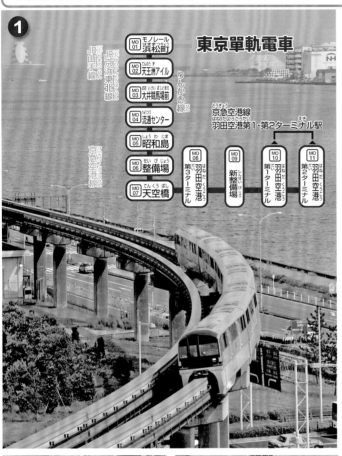

東京單軌電車

MO01 モノレール浜松町	
MO02 天王洲アイル	
MO03 大井競馬場前	
MO04 流通センター	京急空港線 羽田空港第1・第2ターミナル駅
MO05 昭和島	
MO06 整備場	MO08 第3ターミナル　MO09 新整備場　MO10 羽田空港第1ターミナル　MO11 羽田空港第2ターミナル
MO07 天空橋	

❶ 10000型
❷ 2000型（新塗裝車）
❸ 2000型（新製時的塗裝車）
❹ 1000型（第2代塗裝車）

TT 多摩都市單軌電車　此路線是以單軌電車立川站為中心，往南北向延伸。

多摩都市單軌電車是連結東大和市上北台站與多摩市多摩中心站的單軌電車路線。

此路線可從西武拜島線的玉川上水站通往JR中央線的立川站，或從高幡不動站轉乘京王線通往市中心等，平日用於通勤與通學，到了假日則以動物園所在的多摩動物公園站的乘客居多。大部分是高架車站，中央大學・明星大學站成了唯一的地上車站。

1000型

多摩都市單軌電車

TT19 上北台	西武拜島線
TT18 桜街道	
TT17 玉川上水	
TT16 砂川七番	
TT15 泉体育館	
TT14 立飛	
TT13 高松	接續　JR青梅線
TT12 立川北	JR中央線快速　立川　JC19
TT11 立川南	JR中央本線　接續　ジェイアール南武線 JR南武線
TT10 柴崎体育館	
TT09 甲州街道	
TT08 万願寺	
TT07 高幡不動	京王線 京王動物園線
TT06 程久保	
TT05 多摩動物公園	
TT04 中央大学・明星大学	
TT03 大塚・帝京大学	京王相模原線 京王多摩センター駅
TT02 松が谷	小田急多摩線 小田急多摩センター駅
TT01 多摩センター	

湘南單軌電車・千葉都市單軌電車

SMR **湘南單軌電車** 軌道位於列車上方，是以懸吊列車方式行駛的「懸掛式單軌電車」，因為沒有架線與電柱，所以景致絕佳。

從大船站通往湘南江之島站，長6.6km，所需時間約14分鐘，共8站的單軌電車線。

從湘南一帶行至鎌倉站相當費時，因此可通往大船站的單軌電車十分方便，成了通勤與通學的路線。假日則有前往江之島或新江之島水族館的觀光客搭乘。

5000系

JR東海道線　JR湘南新宿ライン

SMR 1	大船 (おおふな)
SMR 2	富士見町 (ふじみちょう)
SMR 3	湘南町屋 (しょうなんまちや)
SMR 4	湘南深沢 (しょうなんふかさわ)
SMR 5	西鎌倉 (にしかまくら)
SMR 6	片瀬山 (かたせやま)
SMR 7	目白山下 (めじろやました)
SMR 8	湘南江の島 (しょうなんえのしま)

JR根岸線
JR横須賀線

湘南單軌電車

江ノ島電鉄 江ノ島駅 (えのしまでんてつ えのしまえき)

CM **千葉都市單軌電車** 此單軌電車也是採用「懸掛式」，將列車下無車輪的這項優點活用於設計上。

採第三部門方式營運的這條單軌電車路線，吉祥物為猴子「MONO醬（モノちゃん）」。

千葉都市單軌電車有兩條路線，1號線是從千葉港站行經千葉站通往縣廳前站，為3.2km的短區間。2號線則是從千葉站通往千城台站，行駛於12.0km的區間。連結至JR千葉站。

❶ 0型「URBAN FLYER 0-type」　❷ 1000型

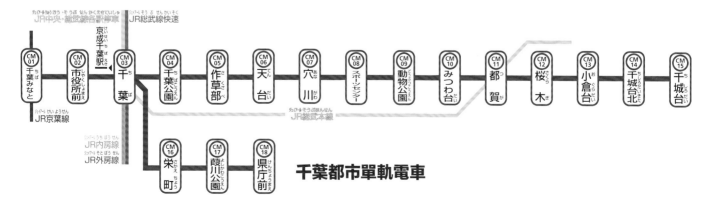

千葉都市單軌電車

百合海鷗號‧金澤海岸線

百合海鷗號、金澤海岸線、New Shuttle與日暮里‧舍人線（P89）皆稱為新交通系統。所謂的新交通系統是指行駛於高架專用軌道且區間較短的電車，其中大多是採用自動駕駛，以電腦控制取代駕駛員或列車長。因為是駛於專用軌道上所以不會塞車，而且是較短的區間，故可做為取代巴士的交通方式。

Ⓤ 百合海鷗號　填海打造而成的台場地區又稱為臨海副都心。百合海鷗號即通過其中心的路線。

正式名稱為東京臨海新交通臨海線，不過一般都暱稱為百合海鷗號。從新橋站到豐洲站長為14.7km，駛經16站，屬於新交通系統。是從JR新橋站駛過規畫為東京臨海副都心的台場與有明並通往豐洲站的區間，於豐洲站連結至東京Metro有樂町線。

除了電視局、船之科學館、日本科學未來館與東京Big Sight外，還有奧林匹克運動會的設施集中於台場周邊。

❶ 7300系
❷ 7500系

金澤海岸線　為高架路線，因此大海與海岸清晰可見。車體也很繽紛，駛於海邊路線再適合不過。

從新杉田站運行至金澤八景站，是採第三部門方式營運的路線。於新杉田站連結至JR根岸線，並於金澤八景站連結至京急本線。具有運送乘客至海濱工業區的功能，沿線還有Outlet Park、橫濱‧八景島海島樂園等觀光設施，假日也因觀光客而熱鬧不已。

❶ 2000型　❷ 2000型（特別色）

正式名稱為埼玉新都市交通伊奈線。路線從JR大宮站沿著東北・上越新幹線延伸，通往伊奈町的內宿站，長為12.7km，駛經13站。從大宮站開始分為高崎線與宇都宮線，而此路線則是建於其中間，乘客以通勤與通學為主。大宮站的下一站是鐵道博物館站，有間規模為日本第一的「鐵道博物館」。

New Shuttle

NS13	內宿	JR上越・北陸新幹線
NS12	羽貫	JR東北新幹線
NS11	伊奈中央	
NS10	志久	
NS09	丸山	
NS08	沼南	
NS07	原市	
NS06	吉野原	JR宇都宮線（東北本線）
NS05	今羽	
NS04	東宮原	（東武アーバンパークライン）
NS03	加茂宮	東武野田線
NS02	鐵道博物館	
NS01	大宮	

JR高崎線　JR川越線　JR埼京線　JR京浜東北線　JR湘南新宿ライン

2000系　2602
2020系　2020 SERIES 22
1050系　1650　大宮→內宿

拍照的「竅門」

本書中介紹了許多首都圈的鐵道。如果覺得光看不過癮，還想拍些照片的話，不妨先記住幾個拍攝的「竅門」吧。首先，因為鐵道是橫長狀，所以花點心思以橫向構圖拍攝為佳。

在月台上拍攝時的「竅門」在於蹲低拍攝。列車的形狀與深度會變得比較自然。

若在列車車頭來到畫面中央時按下快門，即為「日之丸構圖」，右側顯得太空而導致整體平衡不佳。待列車駛至畫面前方才按下快門即可改善整體平衡。

站著拍攝的話

蹲著拍攝的話

較差範例的「日之丸構圖」

較佳範例

在月台上最好於黃色點字磚的內側拍攝。此外，請務必避免進入鐵道範圍內。

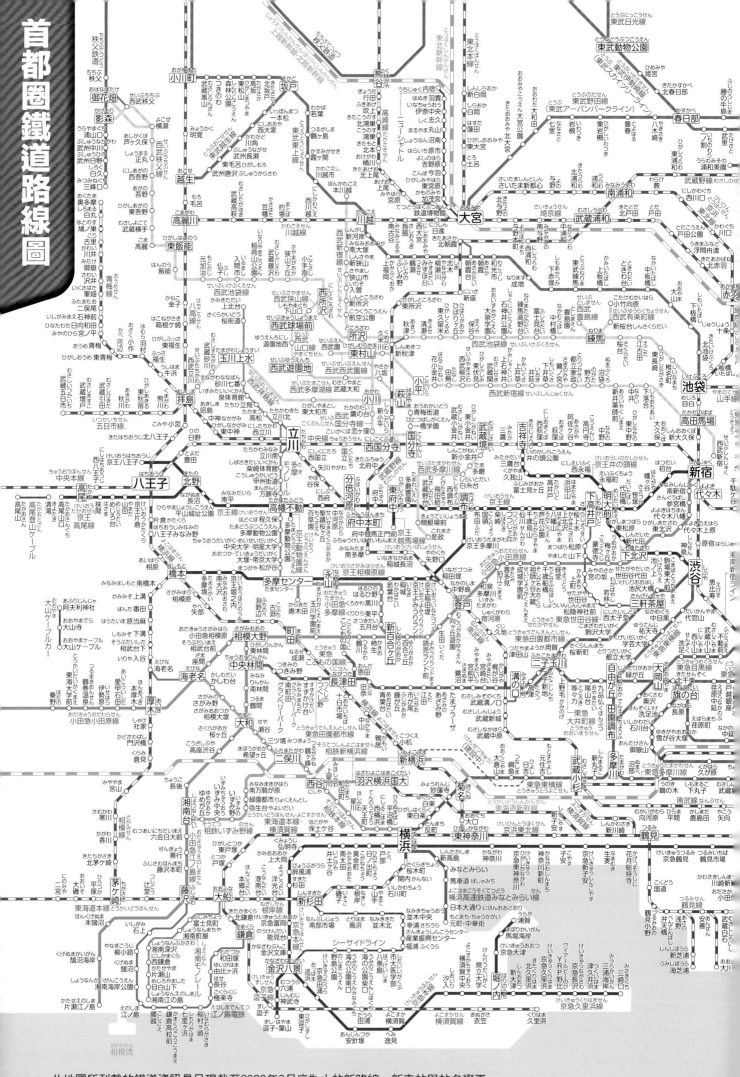

首都圏鐵道路線圖

此地圖所刊載的鐵道資訊是呈現截至2020年3月底為止的新路線、新車站與站名變更。

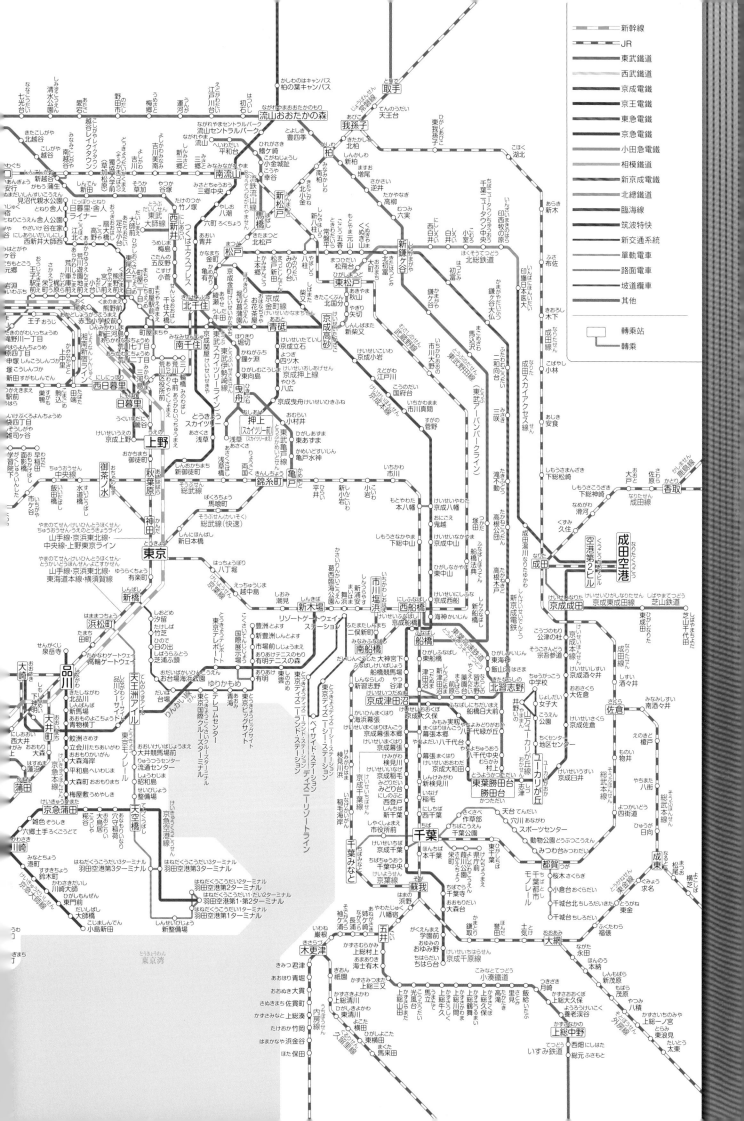

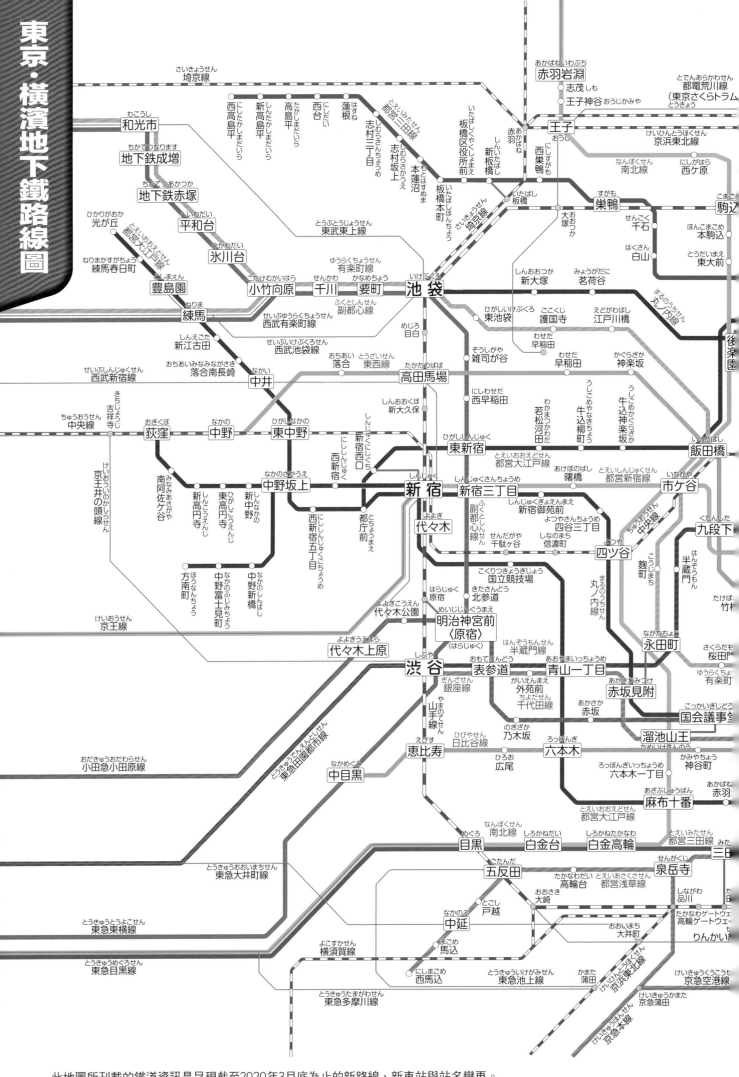

此地圖所刊載的鐵道資訊是呈現截至2020年3月底為止的新路線、新車站與站名變更。

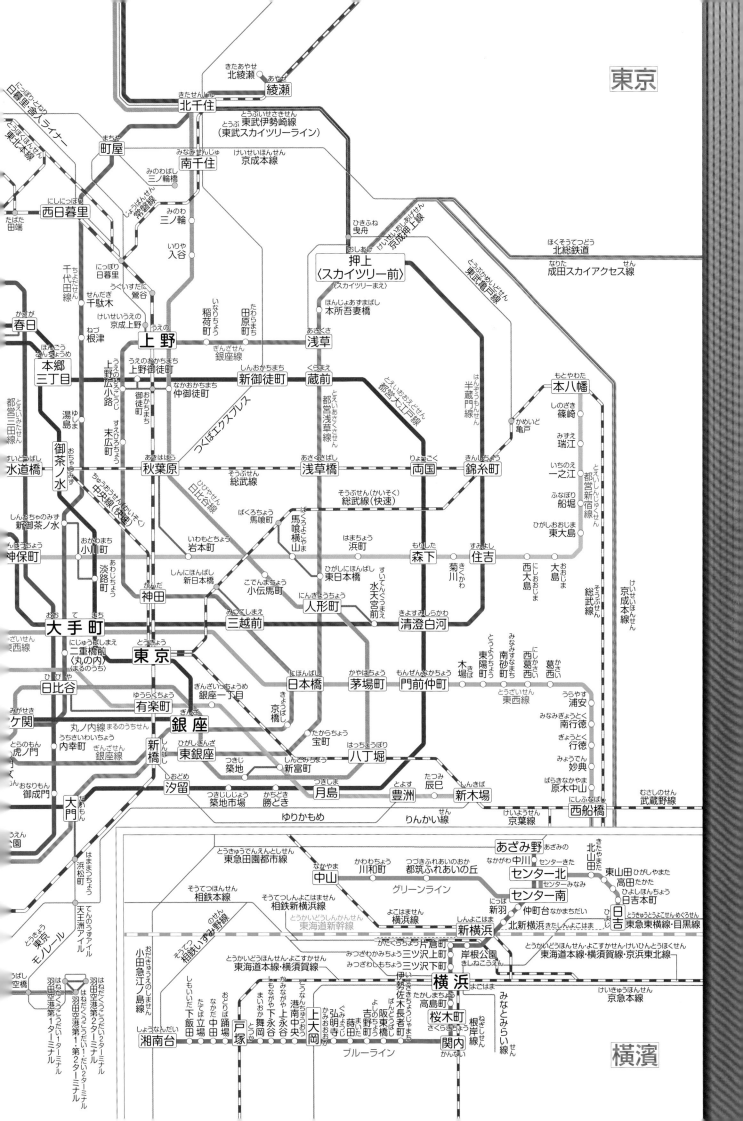

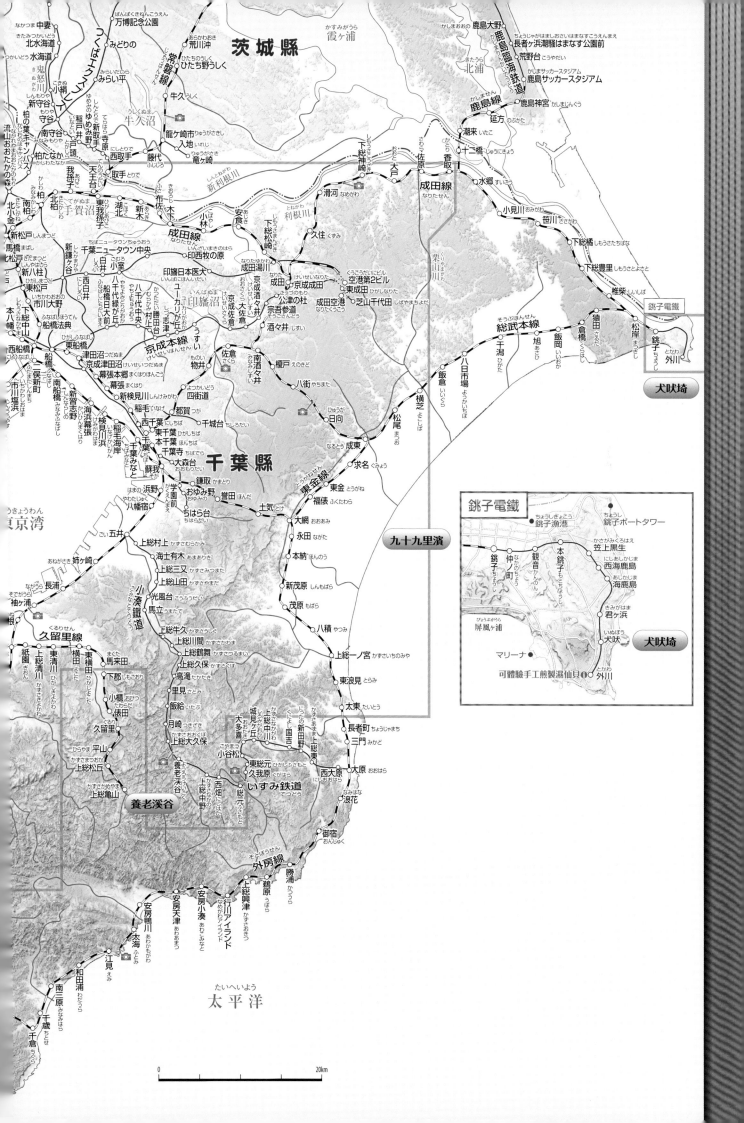

鐵道運行所需的設備

為了讓鐵道行駛的裝置

❶ 隧道

日本重巒疊嶂，因此也有許多隧道。看地圖會發現有很多是環繞著山峰開通的鐵道路線，不過現在挖掘隧道的技術進步，所以會盡可能筆直地挖掘隧道來縮短所需時間。

❷ 鐵橋

遇到河川便架設鐵橋來渡河，為了支撐沉重的鐵道而打造得十分堅實。

平交道 ❺

鐵道與道路在相同高度的地面交會時，會有平交道攔停列車或行人，讓鐵道先行以避免衝撞。在大都市裡有時會因為汽車在平交道停留較長的時間而導致交通阻塞。

❹ 道岔點（=轉轍器）

用來切換鐵道以進入另一條路線的機械。

號誌機 ❸

發出停止或出發的訊號以避免列車彼此相撞。是和路上紅綠燈功能相同的裝置。

立體十字路口 ❻

為了預防平交道塞車或擦撞事故而讓鐵道高架化，或是打造地下道好讓鐵道駛於其上，即為立體十字路口。大都市便是透過有計畫性地打造立體十字路口而有效緩解塞車情況。

鐵道奔馳的動力為何？

電車（EC）

首都圈的鐵道大多為電車。從集電弓接收電氣，以該電力轉動列車底下的馬達來奔馳。

新幹線亦是採用此種方法。

還有些電車的構造是以踩剎車時所產生的電氣來輸電（再生制軔）。電氣機關車也是靠電氣轉動馬達來行駛。

蒸汽機關車（SL）

燃燒煤炭使水沸騰，藉其蒸氣之力轉動車輪來行駛。在鐵道開始運駛的19世紀後半，蒸汽機關車曾活躍一時。日本最多蒸汽機關車運行的期間為1930年代至1950年代。如今則是做為觀光列車而備受喜愛。

柴油車（DC）

柴油車的動力是來自柴油引擎。這種列車有著電車般的外型，卻是在地板下方裝設以輕油為燃料的柴油引擎來行駛，又稱為氣動車。柴油車行駛於無架線的非電氣化區間，因此沒有集電弓。柴油機關車（DL）也是靠柴油引擎運行，牽引客車或貨車。

蓄電池驅動電車（ACCUM）

在電氣化區間會透過集電弓從架線上接收電氣，轉動馬達來行駛，同時將電氣儲存於蓄電池中。在非電氣化區間則會降下集電弓，藉著蓄電池裡儲存的電氣轉動馬達行駛。此款電車被暱稱為ACCUM，EV-E301系列車運行於JR宇都宮線‧烏山線。

遵守禮儀，愉快地攝影

從車站或鐵道旁觀看鐵道或拍照都別有樂趣，卻容易因為太過投入而忘了必須遵守的禮儀與規則。最好先確實理解禮儀與規則。最重要的一點是安全優先。

- ・先確認攝影地點是否安全。
- ・若有其他攝影者，不妨打聲招呼。
- ・請遵守拍攝順序。
- ・切勿靠近鐵道。
- ・避免超出黃色點字磚的範圍。
- ・月台上禁止使用三腳架。
- ・請勿使用閃光燈。
- ・避免進入田地或民家。
- ・停車時請避免造成他人困擾。
- ・拍攝時保持安靜，垃圾請帶回家。

◄— 路線地圖×列車歷史×鐵道魅力 —►

東京鐵道超圖鑑

日本版Staff

[企劃・編輯]

株式會社 地理情報開發
 總監 髙橋則雄
 企劃調整 今野泰則
 地圖製作 篠崎 透、久保田秀德、井上志郎、U1

[撰稿] 髙橋則雄
[設計] 篠崎 透、U1
[插畫] 加藤美和

本書內容是根據2019年7月底所收集的資訊編製而成。

[照片提供・協助]

伊藤賢之輔、市原 誠、今川元汰、梅澤泰介、遠藤宏之、久保田雄樹、小林公宏、今野泰則、篠崎 透、須藤賢太、仲神侑恭、中村玲磨、牧村昌吾、山田京一、裏辺研究所、京王RAIL-LAND、京濱急行電鐵株式會社、地下鐵博物館、辻堂海濱公園、鐵道博物館、電車巴士博物館、東武博物館、原鐵道模型博物館、PIXTA、壬生町玩具博物館、橫濱市電保存館

製作本書地圖時使用了杉本智彥先生的「Kashmir 3D軟體 超級地形」（http://www.kashmir3d.com/）。

東京鐵道超圖鑑
路線地圖 × 列車歷史 × 鐵道魅力

2020年3月1日初版第一刷發行

編　　著 株式會社 地理情報開發
譯　　者 童小芳
編　　輯 劉皓如
美術編輯 黃郁琇
發 行 人 南部裕
發 行 所 台灣東販股份有限公司
    ＜網址＞http://www.tohan.com.tw
法律顧問 蕭雄淋律師
香港發行 萬里機構出版有限公司
    ＜地址＞香港北角英皇道499號
       北角工業大廈20樓
    ＜電話＞（852）2564-7511
    ＜傳真＞（852）2565-5539
    ＜電郵＞info@wanlibk.com
    ＜網址＞http://www.wanlibk.com
       http://www.facebook.com/wanlibk
香港經銷 香港聯合書刊物流有限公司
    ＜地址＞香港新界大埔汀麗路36號
       中華商務印刷大廈3字樓
    ＜電話＞（852）2150-2100
    ＜傳真＞（852）2407-3062
    ＜電郵＞info@suplogistics.com.hk

Shutokenban Tetsudo Chizukan
by CHIRI Geographic
Information Service Co., Ltd.

© CHIRI Geographic Information Service Co., Ltd. 2019
All rights reserved.
Originally published in Japan
by HEIBONSHA LIMITED, PUBLISHERS, Tokyo
Chinese (in complex character only) translation rights
arranged with HEIBONSHA LIMITED, PUBLISHERS, Japan
through TOHAN CORPORATION, TOKYO

著作權所有，禁止轉載。
購買本書者，如遇缺頁或裝訂錯誤，
請寄回調換（海外地區除外）。

Printed in Taiwan, China.

TOHAN